今天，我只想演自己

鍾欣凌的幽默與轉念

鍾欣凌◎著

鍾欣凌的
幽默與轉念

在舞臺上她曾是打破形象的「輕輕公主」，戲劇裡，她的表演讓人又哭又笑，得到安慰。卸下諧星、演員、主持角色，她跟我們大家一樣，扮演一位女兒、一位太太、一個媽媽，面對挫折，體嘗失敗，暗黑的心理掙扎，如何撥雲見日？

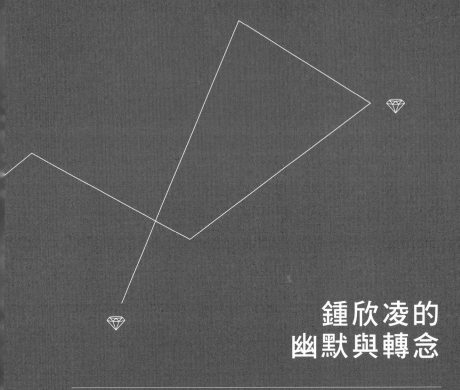

懷疑自己的外表不受人喜歡……

每次我看到走在街上看到頭低低的女生，一副很沮喪的樣子，我都想過去跟她說「嘿！抬頭挺胸，你會更漂亮」，我覺得你一定要先喜歡自己，別人才會喜歡你。

人生的每一個階段，一定都會碰到某些挫折……

挫折都會有，我到現在也都遇到很多挫折，而且很容易被挫折打敗，但我覺得心態很重要，只要不放棄，當事過境遷之後，你會謝謝那些挫折。

做自己很重要……

我平常太想討好別人，所以壓抑很多情緒。有個朋友跟我說：「討好別人不是你的責任，讓別人笑也不是你的責任。」這也是我的功課，我可能太想要讓所有人喜歡我，反而會把自己很多情緒抹掉。我現在覺得，人有愛恨嫉妒各種情緒，我們要承認這些情緒的存在。我希望自己還要再更做自己一點，再誠實一些，因為自己偽裝，別人也會感覺得到。

每個人的自信與自卑是共存的。

脹滿的海綿，沒有進步的空間。

自嘲不是豁達，而是跳脫嘲諷，
讓自己痊癒的能力。

遇到傷心事，日子還是得過下去，
難過完以後，重新站起來，繼續
面對。

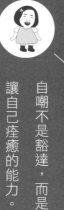

Part 3

生命是累積

〔自序〕

幽默是一種生活態度

對任何事情能幽默以對，人與人之間就不會太執著，

甚至針鋒相對的場面都變得很有趣。

☆當諧星的必備條件

人生半百，我又完成一本書了！回頭看看，默默地成長至今，累積很多經驗和心得，可以再寫成一本新書和讀者分享，真的太幸運了！進入演藝圈，一路走來時時充滿感恩，這個工作讓我可以在各個領域扮演不同的角色，認識很多優秀的人，並獲得學習與打開視野的機會；我的努力有被看見、被肯定，也曾經表現不佳、兵敗如山倒，人生本來就是這樣高低起伏，充滿美好風景，卻難免挫折連連。而最終能撥撥頭髮、灑脫地繼續往前的重要原因之一，我相信是「幽默」——它保護我不至於沉溺在負面情緒裡，它是當諧星必備的特點，它也讓我轉念並擁有超脫的想法。所以我會說：幽默，是一種很棒的生活態度。

之前去學校參加二寶的班親會，因為剛好遇到母親節，老師讓孩子們說說覺得自己媽媽像什麼，只見二寶對著鏡頭說：「我媽媽像一隻很可愛的青蛙！」青蛙？我是青蛙啊？我咧歸剛欸呱呱呱？……（媽媽重傷again！）

回家跟兔寶說，是不是因為我的肚子太大像青蛙肚，所以妹妹這樣說我？只見兔寶慢條斯理地、很努力地想安慰我說：「媽媽你肚子大得很好啊，軟軟彈彈的，我們都不用花錢買史萊姆，玩你的肚子就像玩史萊姆了！」史萊姆？我是史萊姆？

☆ 幽默讓人轉念

老實說，媽媽重傷之餘其實也挺喜歡孩子們的說法，青蛙、史萊姆，挺幽默、挺有想像力呀！有一個好朋友跟我說，她教她女兒最重要的一個觀念就是「一定要有幽默感」，有了幽默感之後，很多過不去的事情好像會比較迎刃而解，看事情的角度就不會太鑽牛角尖，少了些糾結，情緒也比較好消化，是不是挺重要的。

也因此我體會到幽默的力量，它可以是保護色，化解尷尬，讓場面不會太難堪，也讓別人看到自己的釋然，就像小時候被講大摳呆會很受傷，好像整個世界只剩下這件事，但長大後發現沒什麼大不了，攤開自己的缺點、調侃自己，別人就不會繼續在這個點上作文章。對任何事情能幽默以對，人與人之間就不會太執著，甚至針鋒相對的場面都變得很有趣。

更重要的是幽默讓人轉念，思考更多可能的層面，不只是練肖話、插科打諢而已。就像導遊帶領大家到荒地，可能大人都傻眼，來這鳥不生蛋的地方幹麼？但小孩子覺得好棒，這麼空曠的地方可以盡情奔跑，全看你決定用哪個角度看風景，就會有截然不同的想法和收穫。簡單來說，幽默讓我們可以過得更自在瀟灑，並從中獲得啟發與成長。

☆ 保持我的人設路線

進演藝圈真的讓我接觸很多以前不可能經歷的人、事、物，眼界也大為開闊，經由主持節目，走遍不同的國家，欣賞美麗的景點，認識各種各樣奇妙可愛的人，發現世界的廣袤偉大。而演戲則是心理治療師，透過角色過了好多不同的人生，感受平日沒有的七情六慾，正因為表演才發現人性的複雜多變，以前天真地以為就是喜怒哀樂，演戲後才明白有時候在喜歡的同時可能會想毀滅對方，為他人拍拍手時可能充滿嫉妒，當然也有很正面的澎湃之愛，全心全意想為人奉獻犧牲等等，而這麼有趣的感受，都可以光明正大收入心裡的抽屜。對我而言，不論主持、演戲，各類工作都是那麼特別的禮物，讓我享受不平凡的生命。

過了五十歲，朋友建議我已經有一些資歷和成績，連婆婆都演過了，應該更有底氣，轉換成穩定的姿態，不要停留在躁動期，一直吵吵鬧鬧孩子氣。有時候在外景節目中也覺得自己太急著把場子炒熱（即使不需要那麼熱），我習慣被他人跟自己賦予當潤滑劑的角色，於是喊口號，掌控全局，盡情使出愛講話的吵鬧本色，畢竟以前當主持人就是——最怕空氣突然安靜！偶爾也曾起心動念，是否該擺出大姐大的穩定形象？甚至暗暗希望接到一個很陰鬱沉靜的角色，或是像童年時期那樣人緣差的受氣包？嗯，要不要打掉重練，整個人設路線急轉彎，或許是接下來的人生課題……不過可能邊演要邊捏自己的大腿，免得又忍不住跳出來笑鬧露餡，真是本性難移，這麼嚴肅的話題最終還是搞笑回應，請容我還是保持幽默吧！

鍾欣凌的幽默與轉念

對我而言，不論主持、演戲，
各類工作都是那麼特別的禮物，
讓我享受不平凡的生命。

Part 1

挫敗是養分

我是諧星

本來以為逗樂大家是很容易的，但很多事都是親身參與
才明白有多困難，學著表演才知道讓人笑比讓人哭更難。

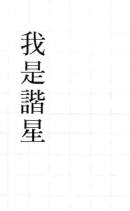

☆ 想成為讓大家開心的人

從小我就是標準的電視兒童，中午放學急著趕回家看布袋戲、歌仔戲，還動不動跟哥哥打架，搶著看不同的卡通，他們喜歡《無敵鐵金剛》，我對《小甜甜》著迷。幸好很多時段是小孩席地坐在涼冰冰的地板、大人倚著沙發喝著茶，全家和樂融融地守著同一個節目。印象最深的是週四晚上九點，由夏玲玲、陶大偉、孫越共同主持的《小人物狂想曲》，陶叔叔總是帥氣出場，孫叔叔一定是倒楣鬼，夏玲玲一下子漂漂亮亮、一下子又變三三八八，三人組合如此有默契，看得一家人笑得東倒西歪。

很奇妙的是後來和孫叔叔成了同棟樓的鄰居，在泳池看到他時想說他怎麼沒跟電視上一樣走著走著就跌倒？就像看到楊麗花的婚紗照，一時無法接受，想說：「天啊，你不是男生嗎？」小時候無法區隔電視和現實，就算長大了，看到明星出現在身邊仍然充滿奇怪的想像與衝擊，電視兒童不是當假的，我就是這麼容易入戲。

一大堆節目都讓我很投入，譬如說五燈獎、六燈獎，每次主持人說「一個燈兩個燈三個燈」，我也跟著緊張；還有鳳飛飛的《飛上彩虹》，一群人穿著白色衣服亂唱歌，她當老師細心笑著教導這群搞怪的學生。除了看電視，爸爸還會借志村健的《八時！全員集合》錄影帶，或帶全家去林森北路欣欣百貨「太陽城」看餐廳秀，那時廖峻、澎澎尤其風靡，買不到票，爸爸就買錄音帶放給全家一起聽，後來才搞懂那就是最經典的脫口秀。

全家圍著電視螢幕大笑是童年很開心的記憶，現在自己組了家庭，一起看電視卻成了不可能的任務。因為剛生小孩時手忙腳亂，而等到小孩慢慢長大又有各自的喜好，可能大女兒兔寶在房間上電腦看YouTube，小女兒二寶在客廳看卡通，老公滑手機……真懷念全家盯著一個電視機的溫馨畫面啊！

以前沒有諧星這個詞，我也還完全不懂表演這件事，但一個個歡樂的節目成為很重要的啟發，或許從此埋下了小小的種子，讓我走上這條演藝路。可能小小年紀就嚮往成為這種讓大家開心的人，到後來念北藝大戲劇系，又開始演出舞臺劇，稍微認識自己的價值後，更覺得反正不可能演那種明眸皓齒、聰明伶俐的女主角，就把自己定位在諧趣的方向了。

☆讓人笑比讓人哭更難

本來以為逗樂大家是很容易的，但很多事都是親身參與才明白有多困難，學著表演才知道讓人笑比讓人哭更難，就像進入電視圈才知道和舞臺劇的難度截然不同。在北藝大畢業前，製作人毛哥問我要不要做電視節目？明明小時候是電視兒童，但念了幾年藝術大學，竟有點輕視那個圈子，自視清高地以為舞臺劇才叫藝術，電視應該很簡單吧！其實那是和舞臺劇完全不同的兩種領域，沒有哪個崇高哪個low，一切都要從頭開始學習。

當年我這個初生之犢自以為是，信心滿滿地覺得舞臺劇都駕輕就熟了，做電視一定也沒問題。沒想到進去後震撼教育讓我嘗盡苦頭：發通告到十一、二點，寫稿子寫到早上五點，回家洗澡睡一下，早上九點又匆匆進棚，什麼東西都沒搞清楚只能低頭挨罵……那三個月簡直比三年還久！

除了我這個菜鳥，其他所有幕後工作者個個身懷絕技，像是道具組頭頭郎叔（是我師姐郎祖筠郎姐的爸爸），他有間倉庫裡面什麼道具都有，彷彿是個大百寶箱，沒有他拿不出的東西。有次導演要一個指揮交通的檯子，這下子難倒郎叔了吧，他的倉庫哪可能會有？只見他想了想就往外走，過一會兒真的扛來一個圓圓的黃色大檯子。大家都很驚訝，他淡定地說：「你們趕快拍，四點半要還回去，人家警察五點要指揮交通用。」原來他直接去路邊偷偷「借」回來！

隔行如隔山，我佩服得五體投地，深深感謝有此機會使我對電視圈有全新的認識，越發敬重做節目的這群厲害人物。

☆ 我是諧星，我會演戲

從電視到電影又是另一番景況，為了演《我的婆婆怎麼那麼可愛》電影版《我的婆婆怎麼把〇〇搞丟了》，一直努力在抓電影的「語言」，雖然演了婆婆那麼久，但換成大銀幕我仍會想東想西，是不是不能演太用力？要不要和電視的表現作區隔？還好導演鄧安寧鄧哥很清楚地告訴我們要先穩住觀眾喜歡的部分，如果我們很幸運，原先的優點抓得很好，接著看怎麼變動調整都ＯＫ。

有人說演員簡單講就是從「心」出發，也有人說這些是要靠技術，可能舞臺劇會特別著重肢體，電視著重表情，電影著重眼神，以前以為會表演了，到哪都能游刃有餘，後來明白舞臺劇、電視、電影各媒介有不同的技術，在不同環境找到不同的表演奧祕，對我而言，充滿了無限的挑戰。

「我是諧星，我會演戲。」這是我獲獎時說的最後一句感言。為什麼強調「諧星」這個角色？因為我真的覺得，讓大家歡笑才是最困難啊，要懂得自嘲、要放下包袱、要抓準節奏、要選對時機，是不是真心難！回想起一路走來的過程，邊說邊忍不住哽咽，很開心又很感恩——從諧星出發，而能在演藝圈擁有一片天空，我想我真的很幸運。

其實是不得不？

年輕的懵懂，經驗的累積，或生活裡的點滴「不得不、不小心」，都有可能形成表演的養分；而且有趣的是，越放鬆越能得分，就這樣慢慢地從話都講不清楚到摸索出什麼是有趣的點。

☆ 笑點是來自放鬆

到底是從小受到電視節目、餐廳秀耳濡目染，還是因為胖胖的身材只能定位為搞笑藝人？說真的我並不很確定。有時候甚至覺得自己好像是「不得不」當諧星，因為生活裡一不小心就上演喜劇，可能是天生的個性使然，逗人笑一直是我覺得最舒服的表達方式。

舉個例子來說，有次出外景是到日本的英語村，在那裡有銀行、海關等等各種實境佈置，讓小朋友全程用英文對話。那天我戴了一頂很漂亮的帽子，進了室內也不想拿下來，在體驗出國過海歸的情境時，海關人員對我說：「Please take off your hat.」我的英文很爛，這輩子始終搞不清楚hat 、head 、hand這三個單字，偏偏又不知道哪來的自信，立刻很白目地舉起手。所有人都笑呵呵，我心裡ＯＳ：「只是舉個手，笑屁啊！」好不容易同事笑夠了，才湊過來說：「他是要你把帽子拿下來。」哇咧，超丟臉。

還有一次在讀劇本，輪到我念其中一句臺詞，順順地脫口而出：「這個人籃球打得很棒，跟蜜雪兒．喬丹一樣。」空氣停頓了半秒，然後全體開始大笑，因為我把Michael看成Michelle了……可是那兩個字很像啊，我不是故意的啦，真的那麼好笑嗎？哈哈，所以說是不得不變成諧星，對吧！

諸如此類不小心的笑點太多了，和老公依偎在沙發上摸來摸去，他把我肚子當成胸部，結果浪漫愛情劇也演變成喜鬧劇；生了小孩更是無形象可言地信手拈來，好像連上節目都可以很放鬆地表現天性。

其實以前剛開始上綜藝節目每次都很緊繃，我會要求自己要製造出三個以上的笑點才是成功的，才沒有白領人家的通告費。另外一個測試法是國修老師說的：「當你看到攝影師都在笑，你就知道得分了。」因為連看過那麼多精采表現的攝影師都被逗笑，表示你真的很有趣。這些標準讓我汲汲營營地想發揮諧星的功能，追求全場因為我而歡笑，老實說有時候滿有壓力。但生完小孩之後，可能一方面自己的資歷專業增多，另一方面是帶小孩太痛苦，放出來有種釋放能量的感覺，坐完月子、休養生息後

第一次出來上節目《小燕有約》，連主持人小燕姐也說我放鬆了。

還有另外一位「不得不」成為諧星的個中翹楚。就是我的師兄趙自強了。趙哥原本一點也不胖，甚至扮演過麥當勞叔叔，可見有多苗條。大學時他很熱血，在救國團當過大哥哥帶隊去健行，他說因為健行盡量要輕裝迅捷，所以都穿一次性的紙內褲，結果鬧出大笑話，好險沒人發現「實情」。

那次帶隊他走著走著，有小朋友提醒說：「強強哥哥，你的衛生紙掉出來了。」他一頭霧水，低頭看看，果然有些白色的碎紙屑，想說明明沒帶衛生紙也沒去注意，結果走到目的地去廁所尿尿時，驚覺下半身剩下三條橡皮筋，一條束在腰上，兩條分別束在大腿上，原來整條用紙製的內褲已經沿路被汗浸濕摩擦到掉光了！

☆幽默的日常思考

當久了諧星這個角色，難免也會影響平日思考的角度。前一陣子女兒二寶在廚房倒水，只聽到咖一聲，我心想不妙，衝過去一看，她頭上手上都沾了血跡。原來廚房地濕，二寶滑倒直接頭撞門檻，我緊張地檢查她的傷，老公看到氣得破口大罵，說他講了幾百次不要去廚房、不要去廚房！可是我覺得不能制止小孩去做什麼，而是要告訴她原因，越制止她可能越好奇，非得試試不可。二寶看到爸爸很慌，她更驚嚇，大女兒兔寶也很擔心地來參一腳。一片混亂中，我高聲說「冷靜」，然後全家出動送二寶去急診室。

看到醫生，二寶可憐兮兮地說：「我不要縫喔。」護士只好邊安慰邊默默打了兩針麻藥，二寶痛得大哭大叫，護士安撫說：「你不要擔心，我只是幫你清洗一下，沒事了，不縫喔。」其實醫生已經開始縫了，打麻藥後沒感覺，二寶就乖乖地沒吵鬧了。快處理完時，我心裡也放鬆了，沒想到她冷不防問：「那我明天可以不去上課嗎？」我想說：「蛤？你頭上一點五公分的傷口，縫了七針，然後腦子裡在想這個！」真是有其母必有其女。

忽然覺得二寶的反應是這件恐怖意外的唯一趣味點，可能她也具備諧星的天分?!

年輕的懵懂，經驗的累積，或生活裡的點滴「不得不、不小心」，都有可能形成表演的養分；最主要的是幾十年下來，我越來越熟悉接觸到的人、事、物，漸漸地不會那麼緊張，而且有趣的是，越放鬆越能得分，就這樣慢慢地從話都講不清楚到摸索出什麼是有趣的點。

但是，總是把注意力放在哪句話或哪一拍動作很好笑，會不會反而失去純真的本意？記得參加實境秀《老少女奇遇記》錄影時，小琉球那站大家玩得特別開心，播出時卻覺得整集從頭到尾吱吱喳喳的亂笑亂鬧，好像少了點真實生活的片段……是不是我看事情也是如此習於浮誇？什麼狀況都想發展成笑話？其實可能很多事情沒有需要反應這麼激烈，有時候把那些點放太大，演得太用力，一心要炒熱氣氛，是不是又不自然了？這些功課很艱難，我仍在摸索中。

乖演員與好演員

要懂得自嘲、要放下包袱、

要抓準節奏、要選對時機……

☆在角色中遊走

經歷各種舞臺、環境一場場演出的鍛鍊後，漸漸有種越來越自在的fu，有時還可以即興創作，甚至超乎自己的想像，那真的是身為演員最過癮的時刻。常和朋友討論「好演員」到底是什麼樣子？是完全忠於呈現導演構思的樣子，還是要融入自己對角色的體會？當然最幸運的就是演員與導演的想法合而為一，彼此不違背但又能迸出新的點子，把虛構的角色詮釋得更鮮活、打動人心。反過來說，萬一導演的意見和演員不同時，到底要當乖乖地全盤接受，或該勇於提出建議？相信一般職場也會遇到類似狀況，員工對主管的指示要聽命行事，還是該思考更佳的處理方式，但會不會弄巧成拙？我想沒有標準答案。

曾經遇過一位導演說她不希望演員功課做得太滿，意思是有些「乖演員」會預先設定好走到哪裡轉身、講到哪個字哭出來、演哪段要波濤洶湧或雲淡風輕……結果正式表演時，可能會顯得太露痕跡、制式化，缺少當下的真情流露，忘記跟對手的接球、傳球。再說，一樣的臺詞可以有很多種演法，太執著自己的設定，少了留一些感受現場，這還真的挺可惜的。當然也不能完全沒做功課，或堅持己見，不願意接受導演的觀點與手法。

當然，也有老狗變不出新把戲的時候。在演出《你不知道的白雪公主》這齣兒童劇時，我深刻體會到這件事。演了至少五、六十次，同樣的臺詞早已倒背如流，其中有一段臺詞每次念到都很受感動，忽然有一次：「咦？這句話怎麼現在無感了？」心裡立刻警鈴大響，完蛋了！要怎麼演下去？在臺上不能發呆，只好勉為其難地用力擠出幾滴眼淚。

是無感了嗎？是疲乏了嗎？我邊懊惱又邊安慰自己，難道每場講到那邊非得要痛哭流涕嗎？這種表演會不會太自我設限？於是下一場講到那段時，我就是let it go，算了，不要再糾結，順著當下的情緒吧，然後很意外地，我被原來沒有特別感受的另一段對話深深震撼。

多麼有趣的體驗！明明在同樣的角色中遊走，講著同樣的臺詞，但卻不知道每一場會在哪句話、哪個動作開出一朵花！就像水管漏水，今天是這裡噴出來、明天是那裡噴出來，你永遠猜不到。我很享受這種過程，期待著不同的驚喜與樂趣，每一場都像全新的挑戰。

☆幸運草出糗，還幸運嗎？

當然，我說過成為諧星有時候是「不得不」，這種驚喜也有很不小心造成的。印象最深的也是在《你不知道的白雪公主》這齣顛覆傳統童話的舞臺劇中，內容大概是說有個叫煤球的小女孩，她長得醜醜的，全身髒髒黑黑，腦子又蠢笨，誰都不想理她，只有善良的白雪公主願意做她的朋友。所以當壞皇后用毒蘋果害公主死掉時，煤球去求魔鏡幫忙，魔鏡答應了，但有個條件，就是公主醒來後全世界的人都會遺忘她。煤球幾經掙扎，決定為了好朋友犧牲自己，所以後來大家都以為是王子親吻公主讓她復活，沒有人知道是煤球的功勞，根本連她是誰都忘得一乾二淨。

最終有一幕很動人的戲是公主和王子的結婚典禮上，大家正歡欣鼓舞地跳舞慶祝時，煤球拿出一株四葉幸運草遞給公主。（以前公主生日時，煤球曾找到一株幸運草送給公主，當時公主很感動地說是她收到最好的禮物）。所以當煤球又遞出幸運草，並說了同樣的話「祝你永遠過著幸福快樂的日子」，公主很迷惘地問：「我怎麼記得以前好像也有人送給我幸運草，說過同樣的話？」而煤球只是淡淡地傻笑，整個氣氛堆疊到最感傷的高潮。

來了，那個「不得不」來了，那天特別炎熱，汗流浹背的我套著大披風，然後把幸運草小心地夾在腋下。結果當我把幸運草拿出來遞給公主時，它它它……它居然掉了一片葉，四葉變成三葉，這這這……這怎麼是幸運草啦！我頭皮發麻，腦中一片空白，硬生生講出了我的臺詞說：「公主，這個送給你。」公主也是嚇壞了，吞吞吐吐地說：「這、這是什麼……」嘴角已經開始抽動，接著小矮人、王子、所有人都憋著嘴偷笑。

我整個呆掉，想到金士傑老師說在舞臺上怎樣都不能笑場，更何況這幕原本是如此哀愁啊！忍啊忍啊，但再也壓抑不住噴笑到停不下來，臺詞沒辦法接著說，就這樣停頓十幾秒——是不是該機靈點說：「啊，還有一片葉子在腋下啦！」但這樣太搞笑了，怎麼拉回到感動的場面？嚴格說停三秒都是大忌，我尷尬地邊笑邊慌到想直接昏倒算了。沒想到觀眾太可愛了，哄堂大笑的他們居然開始鼓掌，一股「沒關係，請繼續演」充滿理解與安慰的暖流湧來，我才穩定下來接話：「啊，公主，是我太笨了，這是幸運草啦，祝你永遠過著幸福快樂的日子。」

真的糗到爆，但那個moment太難忘了，演員和觀眾成了一條河流般融合一體，臺上臺下彷彿一起演出一幕很不一樣的劇，為的是「The show must go on!」雖然凸槌卻那麼獨特，卓別林不是曾經說過：「我表演最成功的一次，就是出錯的那一次。」哈哈，我只能這樣安慰自己了。

不可少的儀式

出外景時有位長輩教我到新的國度，先摸一把當地的泥土，懷著謙卑的心默念：「我來了，打擾了。」但我第一次聽到時覺得好奇怪，哪好意思親吻土地或跪地抓土，也太高調太尷尬了！

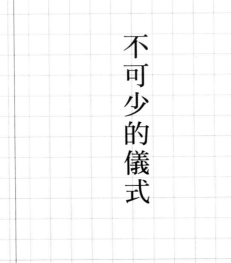

☆開演之前先跟舞台打招呼

大家出去旅行住飯店旅館時，是不是都會先敲敲門，說聲「打擾了」再進房間，我覺得那是一種很有趣的儀式。習慣了這套儀式，如果沒做難免胡思亂想，萬一房間出問題（不一定是阿飄啦，但通常就是阿飄），就會懷疑是不是剛剛沒禮貌才會這樣？

每個人可能都有自己的生活儀式，我在工作時也有我的小儀式。其實原本不懂這些，是剛進這個圈子時和曹啟泰大哥一起做活動，大師級的他看到我在臺後一直猛啃稿子，忽然說：「欣凌，你去走一下臺。」

我滿腹懷疑幹麼要先去臺上晃來晃去？但當然乖乖聽前輩的話去走一圈，上去之後才發現這是必須要的步驟。第一是熟悉環境，知道哪裡可能有危險，預先做處理。就像後來演出《莎姆雷特》時，排戲時一切OK，但正式穿上戲服走臺，赫然發現那種宮廷服長長的裙襬會勾到臺階，只見國王皇后坐在高高的寶座，幾個演宮女要退下時卻無法動彈！國修老師說：「這就是技排會發現的事情，很好。」然後舞台組的工作人員趕緊把臺階用砂紙磨平滑，想想，萬一沒走臺，等下正式演出卡住在那硬扯就糗了。

第二就是儀式感，好好地打個招呼。出外景時有位長輩教我到新的國度，先摸一把當地的泥土，懷著謙卑的心默念：「我來了，打擾了。」但我第一次聽到時覺得好奇怪，哪好意思親吻土地或跪地抓土，也太高調太尷尬了！所以我稍微修改了一下，就是你會看到每次下飛機時我都蹲在地上綁鞋帶，順便摸一把土地。怎麼樣，我是不是聰明伶俐！

☆ 誰都不能阻止我讀劇本

儀式讓我很安心，就是到一個陌生環境或要做個新的嘗試，萬一有挫敗或意外就會覺得是自然發生的，反正順其自然、船到橋頭自然直，相信可以安然度過。否則我會忍不住疑心……啊！一定是因為沒打招呼、沒禮貌才造成的，看吧，果然就……完蛋了……這樣沒完沒了怨嘆，結果可能更糟糕。

特別重視儀式感也可能是因為我個性容易緊張，回家一定要把包包裡所有東西收到抽屜（沒錯，它們都有它們睡覺的地方）；每天要記帳，否則就睡不著，總覺得今天沒過完。（但是後來被孩子治好了，因為帶她們實在太累了！）

生活上的儀式或許可以省略，但表演的儀式還是不宜跳過，因為那不只讓人安心，還會產生一股歸屬感。以前屏風表演班演出前（通常是演出前的三十分鐘），有一個「三合一」感謝儀式，包括舞台組、行政組以及演員三組，國修老師帶著大家在台上手牽手，互相道謝，最後國修老師喊：「一、二、三！」所有人接著喊：「加油，加油，加油！」原地解散，隨即開始準備各自的工作。透過那一聲聲真誠的感謝，透過老師的鼓勵，彷彿有條線牽引著我們，把每個人的心連結在一起。

至於我自己的小儀式呢，就是每次演出前，我還是會拿出戲本再順一次臺詞。有回我照例在進行順臺詞儀式，國修老師看到就問：「你怎麼又再看劇本？這戲演這麼久了，應該早就滾瓜爛熟了啊！」我聽了覺得對啊，為何我有此執念？可能我的儀式根本是過於緊張焦慮的表露？這樣會不會變成強迫症？於是告訴自己：「好，下次來試試直接上臺。」沒騙你，那次我上臺的腳步都是浮的，很不踏實，而且上了臺一下子想咳嗽、一下子被口水哽到，心裡一直想著，拜託不要忘詞，否則一定會傻住……

哇，我投降，你們都不要理我，就讓我，默默地，完成我的儀式感吧！

鍾欣凌的幽默與轉念

本來以為逗樂大家是很容易的，
但很多事都是親身參與才明白有多困難，
學著表演才知道讓人笑比讓人哭更難。

挫敗是一種養分

有挫折其實是好事，因為有週一到週五要上課、上班，你才會期待週末，如果每天都在玩耍，週末就不會那麼迷人了，這就是人生。一路走來沒有目標，沒有挫敗，你就不覺得順遂如意有什麼美好。

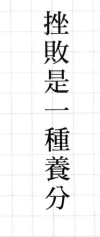

☆直播節目空白的五秒

曾經主持過一個直播節目《冠軍家庭向前衝》，內容是找觀眾一起錄影玩遊戲，並送出很多大獎。另一位搭檔是王少偉，這種大型Live節目，我們都是人生第一次嘗試。或許有些自不量力，但總希望接觸各種不同表演的風格，探探自己的底線！

節目是晚上六點到七點的現場直播，觀眾陸續進場了，製作人提醒說少偉負責順整個流程，我在旁邊插科打諢炒熱氣氛就好了。但畢竟是第一次，我緊張到沒辦法發揮幽默感，不要說丟笑點了，少偉講完每一段話我腦中都有幾秒空白，結果每況愈下，我竟然犯了大錯，搶了少偉的話就算了，我我我……我居然還講錯，應該要先講「讓我們來看遊戲規則」，卻說成「讓我們來看題目是什麼」。直播節目耶，可想而知流程錯了導播室必定手忙腳亂、要趕緊換帶子換字牌等等，現場就這麼空了五秒鐘，真的是最長最久的五秒啊！

節目的製作人是薛聖棻薛哥，錄影完他氣得大飆罵，我只能道歉，默默想著：鍾欣凌，你這次真的搞砸了！回家後，我沮喪透頂，平常其實不太敢看自己上節目的樣子，但那天出了這麼一個大狀況，於是硬著頭皮鼓足勇氣播放預錄帶（沒錯，就是當年那種VHS的錄影帶）。看到我說錯的那段時，我真的是腿軟趴在衣櫃前……只見觀眾面面相覷五秒鐘，很明顯連他們都知道出問題了。

直播事件後再見到薛哥時，無比的歉疚與害怕佔滿內心，總是低著頭不敢和他視線交會；薛哥好像也看到了我心裡的小劇場，我越逃他越敲門，製作的大大小小節目都找我去上，錄著錄著，好像就熟悉了、放鬆了，然後有趣了。很謝謝這麼寬容大度的薛哥，否則別說合作了，我可能這輩子都不敢再跟他見面。

回想起來，並不是沒做功課、掉以輕心；我是根本沒準備好自己的狀態，或者說根本不知道怎麼做功課，心情、能力、言詞各方面能力不足，卻逼著自己勉強嘗試，當然結果適得其反，有一句話非常適合形容——沒那個屁股，就不要吃瀉藥！

☆拍完的零食廣告，在哪

挫敗絕對不只這一件，隨便想就一拖拉庫。曾經拍過一個零食廣告，劇情是我演店員，客人拿來這個零食到櫃台結帳，我一看到很開心地抓起來說：「哇，這個很好吃喔！」然後沒幾秒就把客人要結帳的零食嗑光光，客人在旁邊傻眼。拍的過程很順利，大約三小時結束，燈光師還說他上次拍廣告這麼快是拍吳念真吳導的，我聽了大受鼓勵！飄飄然地想著大概是那個零食太好吃了，而我……嘿嘿，演得很自然吧。

一直一直又一直地期待著電視出現這支廣告，還特別去便利商店找那個零食。奇怪？過了好一陣子，廣告和商品都無影無蹤。我很納悶地猜東想西，忍不住請公司去問問是否出了什麼狀況。原來廠商最後決定不要用這支廣告，因為起初的想法是以幽默的劇情表現出零食的美味，連店員都忍不住先吃為快，才會想找我拍，可是後來又考慮消費者會不會聯想到吃這個零食容易發胖，所以整個計畫只好放棄了。心碎……

☆ 無論如何，還是要堅持下去才知道

時間跳到更久以前，那時我在劇團演舞臺劇。有個早上六點的廣播節目派北安導演跟我去宣傳新戲，我興奮極了，四點多就爬起來化妝打扮。不要笑我白目，雖然是做廣播，沒有觀眾會看到，但我想的是應該慎重其事，畢竟第一次上廣播節目嘛！

我們五點多到電臺等著，主持人進來了，沒多久，他把工作人員找去錄音間，然後工作人員來請導演進去。又過一會兒，導演出來了，臉上掛著有點故作沒事的表情笑說：「走，欣淩，請你去來來飯店吃早餐buffet。」隱約覺得怪怪的，想說不是來上節目嗎？為什麼要離開去吃早餐？後來才知道主持人希望是訪問導演和男女主角，之前可能沒溝通清楚，所以乾脆就不錄了。心碎again……

Live直播事件讓我體悟到自己的問題，廣告、宣傳被撤掉，想想也沒什麼大不了（畢竟錢有賺到），但當下那種過不去的感覺真是心累，該怎麼堅持下去啊？誠實地告訴大家：我並沒有克服它，也沒找到什麼抒壓的方法，更沒因此得到力量等等很正

面的東西，只能獨自到角落舔舐一下傷口，而且即使隔了這麼多年，現在回憶起也還是挺介意的。可是我會告訴自己，人生本來就是會遇到這些有的沒的，傷心難過還是必須往前走。

有挫折其實是好事，就像女兒問我：「媽，今天星期幾？」「星期一。」她垂頭喪氣地說：「唉，好希望每天都是週六、週日。」「你撐過這五天，就又有週六、週日了啊。」因為有週一到週五要上課、上班，你才會期待週末，如果每天都在玩耍，週末就不會那麼迷人了，這就是人生。一路走來沒有目標，沒有挫敗，你就不覺得順遂如意有什麼美好。而且遇到大大小小挫折這種失落感，不也是一種體驗？存到情緒的抽屜裡，下次需要還可以拿出來用。有些挫敗未必能找到出口，但點點滴滴都會讓你長成現在的樣子。

你做好功課了嗎？

年輕時總是在許多錯誤中摸索，在一次次失敗中學習，

有時太用力，但能力不及、經驗不足；有時則太輕忽，

誤以為是很簡單的任務，結果沒有做好功課，無法隨機應變。

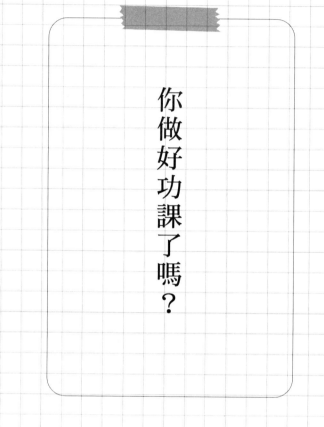

☆得意忘形的教訓

大家還記得初入社會的菜鳥心情嗎？多半毫無經驗的新鮮人會懷著恐懼和懷疑，可能明明條件很好、才華洋溢，卻因為得不到表現機會而感到迷失。而當年剛出道的我卻剛好相反，有點自以為是，天不怕地不怕，以為經過舞臺劇訓練應該沒什麼能難倒我；再加上似乎特別好運，當時紅翻天的節目《完全娛樂》正好在選助理主持，這個很多人夢寐以求的位子竟落到我頭上，可能是去應徵時沒有得失心，天南地北地胡亂講話，還在節目中當面說主持人高怡平是千年老妖，製作人覺得我這隻粉紅豬初生之犢不畏虎，應該可以勝任綠葉的角色，製造一些笑果，畢竟沒有其他參選者敢跟怡平姐這樣沒大沒小。

有趣的是，當我是局外人的時候，放鬆做自己就很吸眼球；正式進入節目後，卻開始不對勁了……有種無形的壓力……我天天看六份報紙，巴不得把所有娛樂新聞都背起來，後來乾脆提早幾個小時去電視臺準備，擔心自己會出槌，完全無法展現個人特色。有一次，怡平姐要我念一段新聞給大家聽，心慌意亂接過報紙，念得坑坑巴巴怪腔怪調——明明剛剛才惡補過，應該滾瓜爛熟了啊？但緊張到好像忽然不識字了，怡平姐不解地說：「你在念什麼啊？」不用她質問，自己都知道很糟糕，錄影完只好大吃一頓當發洩，第二天又開始擔心等一下的錄影，一天過完又一天，撐了一個多月每況愈下，只好棄械投降，無助地跟經紀人Tina姐說不想做了，眼巴巴地跟絕佳的機會說掰掰。

☆真的是我詞窮

年輕時總是在許多錯誤中摸索，在一次次失敗中學習，有時太用力，但能力不及、經驗不足；有時則太輕忽，誤以為是很簡單的任務，結果沒有做好功課，無法隨機應變。

經過《完娛》的教訓，應該要重新振作，找回幽默的本色了吧！但我還是沒學乖，正好八大的節目《娛樂晚點名》找我代班，要訪問一個中國的歌手，我沒做功課沒聽他的新唱片，也沒仔細研究他之前的作品，想說只要耍耍嘴皮，笑鬧一陣，然後看看影片，反正歌手來宣傳耶，一定自己會講。結果節目開場白之後，我請他談談這張唱片跟上一張有什麼不一樣，他冷冷地說：「就是有點不一樣。」句點。我只好問：「ㄟ，那你可不可以跟大家說說為什麼從小想學鋼琴？」他用平淡的語調說五個字「家人叫我學」，句點。

第一次發現五分鐘有多漫長！根本扯不下去了，原本以為上節目宣傳的人不至於那麼省話，再怎麼害羞或不善言詞也多少會擠出一點，那時又沒有google或rundown、大字報這些輔助，不知道還能問什麼、要怎麼問才能讓他侃侃而談？製作人看出來我的尷尬，就在白板上寫出一些問題讓我照念。

節目結束我全身無力，那種破綻百出的感覺太可怕了，就像演舞臺劇忘詞，瞄到其他演員緊張的眼神，頓時很想鑽個地洞躲起來。我也曾當過執行製作，知道來賓不接話有多悽慘，更何況身為主持人。所以後來自己上通告宣傳的時候，可能大家會覺得我喋喋不休、過分聒噪，因為實在是不願意表現出沒有熱情的樣子，而且深知那種無言的場面會多難堪！基本上，主持人不管問什麼，就先亂七八糟講一堆，甚至有時候說太多，加上年紀大了，常常講完才問：「對不起，你剛剛問我什麼問題？」

後來還有一次主持，製作人說有一段畫面直接到凱達格蘭大道的燈會展覽現場，要我「隨便」講一下、形容現場狀況什麼的。我仍沒學乖，沒做任何功課，以為自說自話、閒聊瞎扯應該很容易。果然節目開始放現場的畫面時，我的腦子也空了！「現在好多人喔……哇……現在人越來越多……哇，那邊好多人……」天啊，根本一直在重複，講不出什麼好笑的或實質的內容。原來獨白不是那麼簡單，哪可能隨便講講？這個經驗讓我發現，原來我們認為很多信手拈來就侃侃而談、落落大方的主持人，其實他們是下足了多大的功夫。

☆別亂丟稿子

有一次有幸跟神人級的佼哥一起主持活動，他居然半夜一點在跟我預習節目流程，分配兩人大約講的內容，一項項一條條全部清清楚楚，重點明確，時間精準。他還會把所有重點整理好，裝釘在紙板上，背面還印一個「佼」，服裝會穿搭配企業形象的標準色系。連眼鏡、帽子、領結都注意到，那時才發現，「啊，原來神也要做功課啊，咦，還是因為努力做功課才能變成神。」又是一個雞生蛋蛋生雞的循環啦！剛出道的我畢竟道行太淺，講過的稿子太爽了就隨便一丟，好死不死講到下一句才驚覺前一張的還沒講完，頓時很慌亂，佼哥見狀立刻往下接。事後他笑說：「所以稿子不能亂丟，知道了吧！」

跟師兄趙自強也是學到一課，有次我們一起主持活動，對方很貼心地把重點整理成小卡片，讓我們可以拿在手上。結果我不小心手一揮，一疊厚厚三十多張卡片撒滿地，只好手忙腳亂地趴在地上撿，還好有趙哥救援，才讓活動順利進行。後來才發現趙哥會自己準備手卡，而不是都用工作人員提供的，萬一時間來不及自製，他會把所有資料分成好幾個part，每一段只帶一部分，才不會搞亂。不能完全依賴別人做好的東西，最好自己做才會確知重點，所以我後來會帶著紙、剪刀、尺、訂書機等工具，把資料裁成習慣的大小，分段釘成專屬手卡，以防又發生慘案。

☆成長要做足功課

坦白說，剛進演藝圈時我的姿態挺滿的，總覺得舞臺劇才是上流藝術，和觀眾面對面需要臨場反應，才是崇高的、艱難的，相形之下電視、電影應該都沒什麼難度。真的是年少不懂事，到底在驕傲什麼?!真的去嘗試才知道真的是靠×的難啊，記得剛畢業當執行製作時，有次借來鞋子但女演員穿不下，趕快衝去換大一號的鞋，上氣不接下氣地跑回來遞給她，她忙著在梳妝就把腳伸過來，開始我還待在原地，愣一下才懂原來她要我幫她穿。當下覺得很委屈，但還是蹲下去把鞋子套上，心裡想為什麼要這樣卑微受辱？最後才發現這也是專業，時間緊迫，所有人必須分工合作，對方不是故意耍大牌。現在偶爾也得讓工作人員幫我繫鞋帶，心中實在很不好意思，但沒輒，因為我肚子太大蹲不下去，真的萬分感謝。

回頭想想菜鳥時期幾次差點要搞砸一切，真的替自己捏把冷汗！當我陷在自責或沮喪中一下下（通常是三天加上大吃一頓）的同時，也會認真思考為什麼別人可以那麼優游自在，而我卻是落東忘西的？檢討自己的問題，觀察前輩們的撇步，想辦法改進，努力吸收別人的長處，累積自己的專業，感謝他們也都不吝於指導提點。之前往往一遇到挫折，開始恐懼，就排斥再次嘗試，不願學習，但漸漸地可能太喜歡我的工作了，很清楚從零到一本來就辛苦，很多領域是不可能有人教你一套ＳＯＰ就可以解決的，而要靠自己摸索。成長就是這樣吧！先轉變想法，觀察學習，充分做好功課，自然會一點點慢慢進步的。

從零到六的低潮

年少的我野心勃勃加上利慾薰心，工作排滿檔已經超過能力所及。

一不留神之間，身體開始出現毛病，情緒也越來越緊繃，

早上起床吞口水忽然嘗到血的味道，檢查後發現喉嚨長繭了。

醫生說：「很簡單啊，放逐到荒島休養三個月，不然就開刀。」

☆我以為自己是個「咖」

剛進入電視圈正式出道時，工作狀況只能用「二二六六」來形容，接不到工作總不能宅在家裡，常常騙爸媽說要去錄影，然後跑去星巴克念書、聽音樂、吃吃喝喝混一整天。有時難免懷疑自己到底適不適合做這行，還跟一位製作人說我起了要退出演藝圈的念頭，他聽了淡淡地說：「喔，可是你有進來嗎？」

一句話點醒我是在哈囉……繼續撐著且戰且走吧，沒想到默默被我撐到手上有六個節目。從零到六，想著嘿嘿：自己，也是個「咖」了！當時不知天高地厚，其實有那麼多節目並非多受歡迎，主要是還很菜、費用很低廉又肯出外景，但年紀小小資歷淺淺卻有點大頭，殊不知最痛苦的低潮期才要來臨。

很誠實地說，年少的我野心勃勃加上利慾薰心，工作排滿檔已經超過能力所及。一不留神之間，身體開始出現毛病，情緒也越來越緊繃，生理心理互相影響惡性循環，早上起床吞口水忽然嘗到血的味道，檢查後發現喉嚨長繭了。醫生說：「很簡單啊，放逐到荒島休養三個月，不然就開刀。」但此時小女子正以為自己炙手可熱，如果去開刀，節目又歸零怎麼辦？

所以我苦苦熬著，沒力氣體貼旁人，也不珍惜獲得的機會。有次錄影完，造型師把我拉到一旁，用很委婉的方式勸慰：「試著讓自己的好情緒延長一點。」如果現在的我可以跟年輕的我講兩句話，搞不好會ㄎㄠ頭大罵：×！你在耍大牌還是怎樣？

當時不太了解情緒之所以那麼不穩定，是因為有些節目不是我能應付的，拚命勉強的下場就是身心俱疲。

☆ 來不及踩煞車的主持火山

壓垮駱駝的最後一根稻草是一個烹飪節目，由於收視率下滑，製作單位只好不斷祭出狠招，想一些稀奇古怪的效果來吸引觀眾。有一集主題是牛肉，還特地把一隻小牛從台南運到錄影現場亮個相做做噱頭。在拍烹飪過程時，我看著小牛那雙無辜的大眼睛，越看越喜歡，就拿水瓶餵牠喝一點水；節目拍完後仍掛念著牠可愛的模樣，沒想到牠回台南後死掉了。後來我聽說小牛只能喝母乳，不能喝水，但查資料又說小牛只是不能喝太多或太冰的水……搞不清楚是什麼原因，可能舟車勞頓也有關，不論如何我心中仍充滿愧疚。

還有一集內容是到一個偏遠農場，不知他們去哪買來一籠兔子，接著把兔子放出來，讓兩隊同學去捕抓回來烹煮兔肉料理。整套過程到結局想想都不寒而慄，小兔子可愛無辜地擠成一團，同學們一個個摩拳擦掌，專門殺兔子的師傅在旁邊stand by，忽然整個場景變成驚悚片，我的情緒就像即將爆發的火山。

錄影開始了，那些小兔子被放出籠子，同學一擁而上，結果兔子竟被活活嚇死。同學們也赫壞了，不知道該怎麼處理，拎回死掉的兔子，師傅把牠們放在地上滾一下，整隻硬邦邦僵硬得像石頭，他說要趕緊放血，否則肉會酸。然後把兔子勾在樹上，用刀子在腳上身上劃幾道，俐落地把整張外皮扒下來！恐怖到極點的血淋淋畫面逼得我眼淚瞬間崩落，火山在內心爆發了，但外表還要強忍住鎮靜錄影。

事後打電話給經紀人，泣不成聲地表示真的、真的不能再主持這個節目了，我受·不·了·了！但以前接了節目一定要做完整季，沒有什麼代班主持人這回事，所以經紀人只好溫柔安撫說等這季結束再談。

整日啞著嗓子，做著能力不足以支撐、不喜歡的工作，看所有人都變成假想敵，憂鬱症病徵日益明顯，連記者訪問也會莫名哭出來。想到小時候看完週日的《百戰百勝》，很無力地想著明天要上課了；那個節目是每週一錄影，所以每到週日黃昏夕陽斜照，都焦慮地想著現在掛掉也沒關係了啦……十一、二點要趕緊睡覺，第二天四、五點要起床，睡不著也不能吃安眠藥，怕會睡過頭，偏偏壓力大煩惱多，躺在床上輾轉難眠，怎麼辦？國修老師曾經說哭也是一種發洩，乾脆放任地哭到迷迷糊糊睡了，第二天起床再吞下喉中含血的滋味上工。

☆ 在當下做我自己

曾經問過趙自強趙哥他怎麼能拚命到像超人？他的忙碌程度遠超過我，還看過助理買生蠔、生牛肉在上台前趕緊讓他補一下，因為沒空吃飯。他說他很喜歡做廣播，因為終於可以坐下來……這種非人生活到底怎麼維持的？結果他笑咪咪地傳授一個最實際的方法：「覺得太累時就去刷存摺，看到數字一直增加就有力氣了！」收入是獎勵和成就感，有失必有得，遇到再糟糕再挫敗的事也絕不是只有負面，每件事要往積極面思考（相信我，看完存摺真的變得超積極），才能鼓舞自己繼續下去或者做出改變。

開始跑通告時很不安，沒有熟悉的面孔，看到每個人要打招呼，滿心焦慮還要裝開朗，一進錄影棚就希望趕緊收工。卜學亮亮哥曾跟我說「只要上工就不要想著回家」，他很懂得享受這份工作，不會盼著結束倒數計時。可是我沒工作時心慌慌缺乏自信，工作太多又無法應付搞到生病，其實是我忘記享受了，忘記樂在其中，忘記當初喜歡表演的初衷。

現在大不相同了，不論上通告、主持或演戲都玩得很開心，清楚自己的能力與適合的方向，沿途又遇到好多精采的人跟風景，可以帶給觀眾歡樂、我還有錢賺，世界上有比這個更棒的工作嗎？前陣子正喜孜孜地準備去錄《老少女奇遇記》，女兒兔寶忽然問：「媽媽你是不是去錄影很開心？」為了不要讓女兒覺得媽媽跑出門玩耍比在家陪她還快樂，只好糊弄一句：「哎呀，錄影很辛苦耶。」但沒隔幾天，她盯著雀躍哼著歌的我，第二次提出同樣的問題。望著她天真的眼睛，我只好從實招來：「對，兔寶，媽媽很開心。」雖然拋家棄女好像不太稱職，但媽媽偶爾也需要喘口氣吧。很幸運有這份工作可以放鬆一下——暫時不當媽媽，只做主持人，只做鍾欣凌自己。

鍾欣凌的幽默與轉念

先轉變想法，觀察學習，
充分做好功課，
自然會一點點慢慢進步的。

等了好久的驕陽

這樣下去也不是辦法，不能害其他人連帶被罵或收視率下降，所以我在臉書上留言：「雖然我的角色無法盡如人意，但請相信其他角色依然美麗。」慶幸戲已經拍完了，否則我可能演不下去。

☆ 綠葉挑大梁

向來很樂於當綠葉，尤其跟熟悉的夥伴們默契十足地演戲，襯托紅花的戲分不多，又不必扛收視責任的身分多麼輕鬆。記得當初接演《我的婆婆怎麼那麼可愛》時，知道是慧玲姐製作的戲，立刻一口答應，只是誤會大了，我一直以為我還年輕、應該是演那位可愛婆婆的媳婦，沒想到居然要挑大梁，演六十幾歲的女主角婆婆。

錯愕之餘我啟動了保護機制：簡單講就是把結果想糟一點，不要期待多成功多受肯定，而是想著觀眾可能不喜歡或無感，收視成績不太漂亮。當然我會用盡全力，接著的評論、收視率就隨緣，看老天爺賞不賞飯吃。

「事情往往跟你想的不一樣」這種保護機制，是演出《雨後驕陽》的領悟。這是一齣八點檔的連續劇，描述臺灣鞋業的故事，時間跨距三代四十年，我的角色是位典型的「土直」女孩阿霞，直爽衝動常出包，一讀完劇本我就覺得應該是個很過癮的角色，儘管是不太輕鬆的主角之一，還是很興奮地接下來了。阿霞的青年期由小甜甜演出，我演中老年，我很努力，自認也詮釋得不錯，跟所有人的化學反應很來勁，好多場戲回到家還會慢慢感受，挺熱血的拍戲人生。

整齣戲殺青後，在眾人的期待中開始在電視上播出了，小甜甜把勇敢表達愛的單純阿霞演得很好。快輪到我演的中年登場前，恰好安排了假期帶媽媽去泰國玩，所以沒能在臺灣同步觀賞，結果發生了著實招架不住的事……

那時手機簡訊在國外沒開通，所以我一無所知，直到和媽媽盡興而返，踏進國門才看到手機裡一堆簡訊——製作人、導演、經紀人、朋友留給我一連串莫名其妙的話：「欣凌沒事喔！」「不要難過，這不是你的問題。」「真的不是你的錯，放寬心。」

老實說，本來滿心期待度假回來會得到大家的讚美，告訴我新戲收視率長紅、觀眾捧場叫好等等。到底發生什麼事？懷著忐忑不安的心情急忙打開電視臺的臉書，只見滿滿的觀眾留言：「老年好難看喔！」「鍾欣凌演得好浮誇喔！」「我要小甜甜，把小甜甜找回來。」頓時烏雲密佈，閃電打雷，傾盆大雨無情地淋在身上，我從骨子裡冷得發抖，不敢哭不敢問也不敢說，怕大家擔心，怕一說出來情緒就潰堤了。

☆粉紅豬是過街老鼠？

日子還是要過下去，再也不敢看留言了，因為我很容易受評論影響，自信心瀕臨崩潰，不料卻還是躲不過。有一天去菜市場，正好聽到同攤買菜的太太和老闆娘用臺語說：「ㄏㄡ，現在換老ㄟ做都不好看，少年人比較好看啦。」偏偏老闆娘看到我手上拿著挑選好的菜，杵在那裡尷尬得走也不是、不走也不是。好死不死，那位太太轉身和我四眼相對，她漲紅了臉，支支吾吾地說：「啊……其實現在也不難看啦。」

我沒膽問她我演的阿霞真的那麼討人厭嗎？怎麼會這樣，還以為自己是好演員，十幾年的磨練都白費了？原來我太自以為是了，問題到底出在哪裡？是我的表情動作太造作誇張？還是我壓根沒找到角色的本質？粉紅豬變成人人喊打的過街老鼠？

幸好我沒那麼脆弱，沒有被擊垮，冷靜地想想我對阿霞的設定並沒有錯誤。她是窮過來的女生，年輕時直率可愛，但到中年成為金錢擺第一的老闆娘，應該是觀眾無法接受我偶爾流露出勢利嘴臉、變現實的樣子吧。

問題是這樣下去也不是辦法，不能害其他人連帶被罵或收視率下降，所以我在臉書上留言：「雖然我的角色無法盡如人意，但請相信其他角色依然美麗。」慶幸戲已經拍完了，否則我可能演不下去。

看到我的留言，慧玲姐難過地想為何用心做好一齣戲要讓演員這麼委屈？經紀人Tina姐也安慰我不要難過，觀眾一定會改變想法。演阿霞老公的尹昭德更是大大鼓勵：「欣凌，你上臺記得要謝謝我。」意思是他認為我演得好到可以拿金鐘獎。得到所有夥伴的信任，總算讓內心這場大雨稍微停歇。

☆最壞的打算，最美的累積

吸引力法則好像不太適用於我，莫非定律比較常發生，譬如說每次等公車等很久、不耐煩招計程車時，瞥眼就看到公車從遠方進站。因此我對於戲劇的期待也遵守「莫非」，告訴自己不要美化現實，不要以為正面的思想一定會引來正面的結果，把事情想壞一點，然後做好心理準備去面對，到最後沒那麼糟，就不會太失望。

當我抱著「必死」的決心、做好最壞的打算以後，差不多過了一個月，陸陸續續有些觀眾留言：「看吧，鍾欣凌演得也很好。」越來越多人為我平反，可能一開始觀眾還需要適應期，不太習慣阿霞變世故了，但慢慢地自然能接受角色的成長。一集集過去，觀眾的接受度越來越高，戲的收視率也越來越高，終於，等待好久的驕陽在雨後綻放笑顏。

最近去看醫生，想好好調養身體，好姐妹萬芳陪著我。離開診所時，她說：「剛才醫生講了一句話很棒，『人生沒有奇蹟，只有累積』。」沒錯，我聽到時深有同感，就算遇到奇蹟，也是因為累積足夠，找到機會才能往上跳躍到那個奇蹟點。回想人生很多點都是這樣，摸索掙扎的過程很辛苦，可能也想不出來具體的轉折原因和時間，彷彿突然間撥雲見日，其實是慢慢累積而成。是不是像極了愛情？在朦朧曖昧時最美麗。

鍾欣凌的幽默與轉念

雖然我的角色無法盡如人意，
但請相信其他角色依然美麗。

Part 2

塑造我

小公主是假鬼

從小到大，各種人事物慢慢讓我們長成現在的樣子，就在整段不斷改變、成長的過程中把稜角磨平了、把特點磨亮了。所以並非忽然長出自信心或開竅了，而是慢慢轉變個性，不去特意討好別人、不再害怕一個人，而當我越來越自在，和別人的相處也會越舒服。

☆幹麼討厭我

每個人或多或少都有討厭、害怕的事情，大家應該很難想像小時候我最怕分組，因為沒有人會找我一組。那時不懂為什麼自己永遠是班上的討厭鬼No 1，為了避免落單很丟臉，就找全班第二討人厭的湊成一組。小六畢業旅行去雲仙樂園，晚上住宿時看著暗戀的男生跟死黨吵吵鬧鬧跑進房間，「主流派」女同學也早早分配好六個人一間，我只能跟一些安靜內向的同學湊一間，兩人一床，而跟我同床的是老師。

家裡經濟狀況算頗優渥，當銀行經理的爸爸很寵愛我，想學彈鋼琴，沒多久就買來一架琴；合唱團比賽想當伴奏，爸爸立刻打電話知會校長，第二天老師宣佈這次由鍾欣凌同學負責伴奏，雖然我不是彈最好的。媽媽也對我呵護備至，可說是嬌生慣養的掌上明珠，但一到學校就被打回原形，小公主、溫室的花朵變成一個沒朋友的可憐蟲。

☆五分鐘的友情也好

並非太敏感，胡思亂想，是有「案例」像照妖鏡一樣，讓我知道自己多顧人怨。小五那年分班，同學小×說大家想去老師家玩，問我要不要一起去？當然好！她又說要買禮物送老師，每個人交一百元，我要交兩百元。沒問題，可以跟著一起出遊真是讓我喜出望外呢！

到了約好的那天下午一點半，我在校門口等著，等來等去，好久了沒半個人影。我滿心狐疑，乾脆去附近的小×家問吧，三步併兩步地跑去她家按電鈴，小×媽媽開了門，我很有禮貌地問：「伯母好，請問小×在家嗎？」她一愣，說：「今天你們不是要去看老師嗎？」我說：「對啊，但我沒等到其他人耶。」她回頭看看時鐘說：「可是她早就出門了，說一點要過去啊，你是不是遲到了？」

心裡一涼，正想再問她不是一點半嗎？然後馬上想通了，趕緊笑咪咪地改口：「啊，我記錯時間了，不好意思，謝謝伯母。」然後轉身往回家的路慢慢走，邊沮喪地踢路旁石頭邊低頭反覆想：不對，我沒有記錯，絕對是一點半，我被故意放鳥了。

回家後不願讓媽媽發現我被同學排擠，撒謊說弄錯時間了，媽媽二話不說去買一盒水梨，和爸爸一起直接送我到老師家。老師挺訝異地說同學剛剛才離開，問我怎麼沒跟他們一起？我面不改色地表示自己沒跟他們約……是不是從小就演技一流又死要面子！

不過再怎麼沒人緣還是有幾個好友，其中一個很單純的女生，她有點智力障礙，向來也被同學們排擠，所以我們很自然地湊在一起。有次大夥約去某同學家玩，正興高采烈地要進門，主人卻嬌聲說：「你們兩個在外面等一下喔。」我們只好傻傻地等著，隔了一陣子，主人打開門說：「好了，你們可以進來五分鐘。」我們好開心跑進去，雖然五分鐘後又被趕出門。那時深切感受到友情的重要，就算所有人都忽略你討厭你，至少有一個人可以理解你、跟你一起承受，是多麼珍貴的情誼。

☆長大之後，還可以當公主嗎？

現在回想起來，小學時期有點被寵壞，父母的疼愛和包容使我散發出公主病氣息，但在學校其實很沒自信又怕孤單，只好故意炫富，以為同學會因羨慕而接近，結果適得其反。又因為孤單產生的不安，總想討好別人，所以我在每個小圈圈裡當牆頭草，在這圈跟著說那圈的壞話，在那圈又跟著說這圈很糟糕，沒多久就被大家識破我的伎倆，下場就是討好不了任何人。

這些不可愛的個性可能是天生的，也可能是從小被呵護出來的；但也正因為受到父母如此溫暖的疼愛與嬌寵，所以儘管在學校被排擠，回到家這個安全的避風港就可以把身上的箭一一拔掉，安心休息，第二天依然精神飽滿地上學去。

而隨著時間和社會化的過程，小公主慢慢被改造了，後來還當上康樂股長。一方面是改掉驕縱脾氣，一方面也或許是青春期遇到更厲害的「對手」——記得國中有個同學辦生日party，她爸爸把介壽堂包下來請全班吃飯，女主角還特別穿著白紗禮服、牽著一隻白色貴賓犬緩步入場。開句玩笑，周圍都是傲嬌國王皇后，我越來越顯得溫良恭儉讓。

有次我和黃璇寧醫生講到幼稚園小朋友應該都很開心，無憂無慮，沒有絲毫壓力。他說：「那你就錯囉，他們也有小小的社會，也要學習、也有人際關係要建立，所以一定也會有壓力啊。」從小到大，各種人事物慢慢讓我們長成現在的樣子，就在整段不斷改變、成長的過程中把稜角磨平了、把特點磨亮了。所以並非忽然長出自信心或開竅了，而是慢慢轉變個性，不去特意討好別人、不再害怕一個人，而當我越來越自在，和別人的相處也會越舒服。

死要面子，只是鳥事

公主病總算痊癒了，但假鬼愛面子的毛病仍不改。有次家族聚餐大家吃日本料理，堂兄弟姐妹說不敢吃生魚片，我裝模作樣說：「有什麼好怕的？這是好東西啊。」夾一大片鮪魚蘸著哇沙米往嘴裡塞……天啊，那是我第一次吃生魚片，噁死了！很想吐出來，但剛剛裝出很高級、笑別人是土包子，只好勉強硬吞下去，挖哩咧，真是自找罪受。

大學時去教北一女學生演戲，一群小女生很崇拜的眼神讓我更要端著老師的姿態。教她們化妝時，同學問：「老師，擠痘痘要洗臉前還是洗臉後？」我隨口說卸掉妝，擠完再洗乾淨。這群精明的小鬼開始七嘴八舌，「咦，可是我記得電視上都說要洗乾淨才能擠，否則會有細菌啊？」吱吱喳喳一片質問中，我冷靜地說：「啊，我剛口誤，講太快了，當然是洗臉後才能擠。」反正就是死活不願意承認自己不知道。

進圈子後也常硬ㄍㄧㄣ，好像生完孩子才終於克服，而能坦然面對現實。因為生小孩麻藥一打全世界什麼都不能掌控，還假鬼假怪給誰看？經過這一關我徹底放鬆，都這樣赤裸裸癱在陌生人面前了，還有什麼好介意？還要什麼面子？

每個階段都有不同要克服的煩惱，大女兒兔寶最近的地雷就是身高，她已經五年級了，才一百三十六公分，小隻女迫不及待想長高。我也擔心一百五十五公分的我遺傳基因太強，所以想盡方法給她進補，偏偏她又鬧脾氣不願乖乖配合，還氣得大喊：「你不要逼我！」「你都不吃，以後真的變矮冬瓜。」我也很火地回嗆。她氣得哇哇大叫：「我最討厭別人說我矮冬瓜！」偏偏妹妹在旁邊火上澆油，跳上沙發嘲笑她：「矮冬瓜啊矮冬瓜！」兔寶難過到大哭。

我小時候偷偷減肥，被同學發現問起，我氣到翻臉，死不承認，但現在一天到晚跟人家說我在減肥。很多曾經在意的點，可能過沒多久覺得一點也不重要，但我現在再怎麼跟女兒解釋她也聽不進去。人生就像電玩闖關，不斷在打怪，功課差、被討厭、失戀等等當成天塌下來的嚴重關卡，長大看根本一片蛋糕（a piece of cake），但我們只能活在當下，即使事後發現是笑話一樁，小孩子幼稚無聊沒什麼大不了，失戀可以遇到下一個更好的，但當下就盡量感受自己的崩潰。然後想想明天還有更多怪物要打，那些亂七八糟的小挫敗小傷心全都是鳥事，擦乾眼淚，繼續往前！

來不及問爸爸

前幾年爸爸住進安寧病房，在幫他按摩、抓癢、擦背、洗澡、處理排泄物的同時突然發現和這個身體很生疏，連他的手都不知多久沒牽過了。

☆爸，你愛美食嗎？

有個小問題藏在心中很久，一直想問爸爸又覺得很不好意思說出口，而且他可能早就忘了。那件事就這樣擱著幾十年，等到爸爸離開也來不及問了，雖然有點遺憾，但是朦朦朧朧地大概猜得到答案。

那是發生在國中模擬考時，一天下午大約三、四點，訓導主任帶著爸爸來找我，他穿著筆挺的西裝，顯然剛下班，手上提著一個世運食品店的盒子。爸爸遞給我那個盒子，說是好吃的點心，然後就跟主任轉身離開。

當時覺得爸爸很奇怪，怎麼會忽然專程跑來學校給我點心？家長不可以隨意跑進校門，而且我可以回家再吃啊。總之這件事就略過去了，有時候想到覺得好像沒什麼可問的，但偶爾回憶起又挺好奇那天他的動機，純粹臨時起意逗女兒開心？如果我問他，他大概會如此輕描淡寫。隨著歲月和成長，尤其當了媽媽以後，我慢慢懂了——這是他愛女兒的方式。

記憶中的爸爸常和美食連結，好幾次半夜一、兩點被爸爸從睡夢中叫醒，他帶著點醉意說：「有好吃的東西，快起來趁熱吃。」我們幾個小蘿蔔頭揉著半閉的眼睛，很不甘願離開被窩跟著他到餐廳，只見一桌子明蝦、鮑魚，全是他應酬時從高檔的日本料理店打包回來的。聞著香味、再看到爸爸帶著酒氣又熱切的笑容，即使再睏，只好邊哭邊乖乖坐下飽餐一頓。也因此從小把美食和愛、幸福、快樂畫上等號，難怪我一路走來始終貪吃！

不過爸爸和媽媽本身在飲食上卻非常節省，出去吃壽司，爸爸都只吃三盤就說飽了，還嫌媽媽吃太多；吃鹹粥也點很少的小菜，媽媽只好一直去加湯讓自己喝湯喝到飽。傳統型父母大多如此，總想把好的都留給小孩，從不吝惜在小孩身上的任何花費，自己則盡量省吃儉用，我完全能理解父母的心情（所以都吃女兒不喜歡的披薩皮和雞骨輪）。儘管父母的付出、犧牲、奉獻可能不是孩子要的，他們認為最好的方式也可能是有問題的，然而初衷都是善意，是一種愛的力量。

☆父親的角色

印象中的爸爸還有一個很清晰的畫面，是在大學畢業後演舞臺劇時，我照例搭公車回家，很習慣地坐在最後一排。過了幾站，遠遠看到一個眼熟的身影上車，是我爸！五十五歲就退休的爸爸對金錢很有概念，我們家境也一直不錯，他明明可以坐計程車或自己開車，為何來坐人擠人的公車呢？

下意識把身體滑到很低的地方，不想讓他看到我，到家那站他下車了，我仍躲在後排，故意多坐一站。不很確定當時的想法，如今回想，應該是不想打擾獨自一人的爸爸。遠遠看著他散發出一股孤單的氛圍，相信爸爸也有很多身分，或許也有家裡看不到的一面，如果我上前喊他，好像會打斷他現在的角色，而必須回到「鍾欣凌的爸爸」這個身分，搞不好父女倆都會倍覺尷尬。

☆為了紅燒鰻而昏倒的爸爸

如果口腹之慾也有遺傳因子，那我肯定是傳承自爸爸。由於住院後飲食受到控制，只能買鹹粥和雞湯給他解饞，記得他以前最喜歡去基隆夜市吃紅燒鰻，還開玩笑說那家老闆脖子上戴的金項鍊越來越粗！爸爸罹患肝癌後，如果沒排便，身體裡的毒素累積太多，就會四肢無力陷入昏迷，有一次他又自己跑去基隆想吃紅燒鰻，走著走著忽然癱倒路旁，路人趕緊叫救護車送醫。我們真的是又好氣又好笑，到底是多想吃紅燒鰻啦！

☆不斷目送

前幾年爸爸住進安寧病房，在幫他按摩、抓癢、擦背、洗澡、處理排泄物的同時突然發現和這個身體很生疏，連他的手都不知多久沒牽過了。從小全盤接受父母給予物質、精神等各種呵護，卻往往疏於回饋；直到爸爸的最後一段路，發現時間如此有限，才有機會這般貼近。照顧爸爸時，有一次發現他笑得很開心就是看著幼稚園放學後的兔寶坐在他床邊吃麵線，這點點滴滴的小時光，彌足珍貴，然後發現，光是陪伴，就會讓父母覺得幸福。

最近送女兒去上學，踮著腳看著她漸漸遠離的身影，真的像電影裡的場景一樣，根本看不到了還忍不住黏在原地目送。正巧陶晶瑩陶子姐在臉書上寫「人生就是不斷地目送」，霎時，爸爸在學校、在車上、在基隆夜市、在好多好多地方的孤單背影一一浮上心頭。

一個人的旅行

我支支吾吾地說：「Sorry my English is poor, but I want to buy tickets...」

其中一個年輕人問：「Where are you from?」

「Taiwan.」還是小小聲。「See, you can say English but I don' t know how to say Chinese.」兩人開朗地笑起來了。

☆ 出國免驚，還有body language

在演藝圈工作不像一般上班那麼穩定，好的時候忙到翻，不好的時候連一個通告都是奢望。有一段日子唯一的節目要停掉，製作人說收視率不好、撐不下去了。面臨失業的落寞，沒節目、沒戲演，天天家裡蹲也不是辦法。左思右想，決定乾脆放自己長假，一個人出國旅行，順便好好想想是不是該繼續在表演的路上。

就這樣，單槍匹馬前往加拿大，雖然沒什麼自助旅行的經驗，但靠著厚臉皮加body language應該也是沒問題的。到了加拿大，雖然英文很爛、人生地不熟，但帶著錢、護照和一些必備的物品，邊查地圖邊上路，到處冒險倒也刺激好玩（像坐雲霄飛車那樣，總覺得心跟肚子都癢癢的）。加拿大很安全，越走越放鬆，滿眼都是新鮮的事物與美景，有太陽、有藍天，空氣冰冰涼涼的，讓人心情大好。逛了大半天，嗯，快中午了，正準備找餐廳時，忽然看到對面有個Open Studio——是一個透明玻璃空間，裡面有人在報新聞，並不時採訪經過的路人。

儘管聽不太懂內容，但被他的歡樂感染，我的嘴角也跟著上揚，完全沉浸在他抑揚頓挫的語調中。像看魔術般著迷得不忍離開，不知道過了多久，忽然感覺兩行清淚從臉頰流下來……是啊，我也跟他一樣熱愛自己的工作，當演員、主持節目、帶給觀眾歡笑，這些都是我想前進的方向，那就加油努力，不要放棄，再拚拚看吧！

於是，踏著輕快但堅定的步伐去唐人街，買了兩隻蔥蒜炒龍蝦和一碗白飯回飯店，打開窗戶，對著外面的自雪皚皚。整顆心安定下來，可以準備回家了！

☆ 紐約不怕 poor 英文

旅行真的是美好的療癒，自從加拿大的體驗後，更迷上一個人出國遊玩。很多年前就一心想看遍百老匯的舞臺劇，所以做好萬全準備，即將展開十四天華麗的紐約劇場之旅。

如此膽大包天的想法讓朋友們很擔心，密集傳授我撇步：有一個說要去時代廣場的路口找賣熱狗麵包的小攤，邊走邊吃到下一個路口，又有一個熱狗麵包攤，吃完四個路口的熱狗麵包才算到過紐約（咦，我怎麼有一種在打棒球的感覺？一壘、二壘、三壘再回本壘）；另一個考我英文聽說能力，問我番茄醬、芥末醬怎麼說？不就tomato juice、哇沙米嘛，簡單啦！大家快昏倒，紛紛勸我還是算了，但我意志堅決，傻膽滿滿，最後也很幸運地活著回來，而且還去了兩趟。

到美國機票、住宿等等瑣事全部搞定，其實這些都不算什麼，花最大功夫是安排每天要看哪一齣劇，反覆查詢確認每一項細節是必要的功課。到了夢想地，信心十足地走向售票口，結果看到兩個戴鼻環、全身刺青的時髦年輕小夥子，想說不妙，完蛋了，他們看起來絕非善類，萬一講錯或聽不懂可能會被賞白眼。

原本的活潑頓時變成膽怯，我支支吾吾地說：「Sorry my English is poor, but I want to buy tickets...」開口先承認自己英文爛，就如同先嘲笑自己胖，好像比較有退路。

其中一個年輕人問：「Where are you from?」

「Taiwan.」還是小小聲。

「See, you can say English but I don't know how to say Chinese.」兩人開朗地笑起來了。

很感激他們那麼友善，之後每天買票看劇也都很順利，過癮極了！而且本來去餐廳每次只敢點其中一樣，後來越來越大方，溝通越來越順，什麼美味都嚐到了（當然也包括路口的熱狗麵包）。

所以不必自卑，多數人都是友善的，敢尋求幫助敢邁出去就會達成目標。其實英文程度不佳也有好處，指標看不懂又不好意思問人，反而讓我有意想不到的收穫。那天去看《獅子王》，找不到廁所，亂走結果迷路，一直往樓下深入，到沒什麼人跡的地方，只見到一片門簾掩著神祕房間——左顧右盼，心臟怦怦跳，反正被人逮到挨罵也無所謂，我找不到廁所啊不然想怎樣！不管了，伸手掀開簾子，天啊！獅子、獴狐、斑鬣狗、鼴鼠、黃嘴犀鳥……所有動物的道具頭飾和服裝一個一個擺得整整齊齊的，原來演員就是在這裡打扮好，從底下走進觀眾席中。

後來怎樣找到廁所已經記不清了，因為誤打誤撞之下親眼目睹這個畢生難忘的場景，一直停留在腦中閃閃發亮，多美麗的驚喜！

☆爽到爆炸的獨旅

結婚後很快有了兔寶和二寶兩個孩子，忙到翻天覆地，我仍渴望再去紐約看舞臺劇，但到美國至少要待十幾天才划算，把孩子丟在家也不放心。有一年實在太想看藍天大海了，生日前就跟老公許願，請他帶小孩，讓我一個人出去放鬆五天。他始終很體諒我，不論工作要出外景或我想自己去玩耍，他絕對一口答應，而且以軍事化把女兒管理照顧得穩穩妥妥，每天九點關燈睡覺（我帶的時候她們倆到十一點還在床上學兔子跳）。

我很愛坐飛機，因為一進到機場，感覺終於把肩膀上站的老公、兔寶、二寶和所有人事物放下了，整個人飄飄然，連機場裡空調的味道聞起來都不一樣，朋友還開玩笑要我去應徵當地勤。（為什麼是地勤？嗯！因為很少有太壯的空姐啊！）

到了關島，進飯店買幾瓶啤酒冰著。白天豔陽高照，拉下陽傘的白紗，吹著海風看書；午餐飽嚐牛排加龍蝦（我在吃的方面絕不會虧待自己）；晚上拿一瓶啤酒，晃晃悠悠去海邊聽潮浪聲，腳底泡著海水癢癢的，累了躺在帳篷床上遠眺滿天星斗，耳機放著茄子蛋的〈浪流連〉，世界如此巨大遼闊，一股莫名感動襲來，我邊大哭邊喝酒，舒服！

五天幾乎就這樣在美景、啤酒、音樂和淚水中度過。哭不是因為難過，也沒什麼委屈傷心，但就想哭個痛快，把身上水分代謝掉，忘掉所有煩擾俗事，自由自在爽到爆炸，一個人的旅行真的好享受！

鍾欣凌的幽默與轉念

並非忽然長出自信心或開竅了，
而是慢慢轉變個性，
不去特意討好別人、不再害怕一個人，
而當我越來越自在，
和別人的相處也會越舒服。

小男生的壓力說

其中有個小男生表現得特別優秀，很有大將之風，我不由得想起近日倍覺壓力的苦惱，就問他：「你為什麼會想參加這個比賽，不會覺得壓力很大嗎？我在旁邊看都很緊張。」小男生神情自若，真誠地回答：「欣凌姐姐，你不覺得壓力會讓人更專注嗎？」

☆壓力山大的記者會，怎麼解

很多年前跟趙哥表演一場脫口秀，我們使出渾身解數，贏得全場觀眾鼓掌叫好。結束後兩人癱在後臺椅子上，他忽然呼一口長氣說：「鍾欣凌，有沒有覺得很爽？」轉頭看他累垮的臉龐透出滿足的光彩，我懂，趙哥很享受有難度的任務，讓他很有成就感。可是對我來說，這個活動太吃力，無法用「爽」形容，在失控邊緣腎上腺素飆升的fu並不舒服。

我向來不擅長處理壓力，尤其有一陣子常常主持記者會更是倍覺辛苦。跟演戲或錄節目不一樣的是記者會比較多突發狀況，而且內容往往是完全陌生的領域，臺下坐著一群企業大老闆，無法預期自己是否能掌控全場。觀賞者與表演者的互動會有影響，主持當然也是，如果觀眾很捧場，隨便一眨眼大家都著迷到不行，你自然能揮灑自如，引擎從七十分火力全開到一百分！

每個記者會都是一個謎，上臺前幾句話立馬定生死。如果一開口能鎮壓全場，有笑聲鼓掌回應，彷彿吃下定心丸，應該一路ＯＫ了；相反地，如果臺下氣氛冷淡，我就會開始講話打結、汗如雨下，最慘的是看著稿子念人名都出錯，然後……

所以前幾天必定努力做好功課，反覆檢查各種細節，想像可能的變數，有時候怎樣都不放心，前一晚躺在床上翻來覆去，甚至會氣到自己罵自己：「好，還有什麼要做？沒有對不對？那可不可以好好睡覺了?!」好像二十四個比利那樣分裂，沉穩強悍的人格跳出來責罵自卑怯懦的人格「為什麼這樣沒用」。

☆壓力解鎖了

可惜罵完還是睡不著，也不敢吃安眠藥，怕隔天睡過頭，只能繼續在半夢半醒之間想東想西。處在這種輪迴時難免很焦躁，但也沒有解決的方式。後來遇到了一位小男孩，因為他，我的人生從此黑白變彩色（好像太誇張了齁，但我真的覺得他是我的小太陽）。那是去主持林百里先生舉辦的「廣達游藝獎」，活動目的是透過藝術文化的競賽，啟發孩子的創意思考，優勝者可以整團去歐洲參觀美術館、博物館。比賽困難度頗高，譬如說主題是文藝復興時期，參賽者要當場抽出題目（此時期的知名畫作），在大家面前講出這幅畫的歷史與特色及自我觀點，所以要熟讀各個時期好幾百幅畫作的內容、背景、畫家等等資料。

其中有個小男生表現得特別優秀，很有大將之風，我不由得想起近日倍覺壓力的苦惱，就問他：「你為什麼會想參加這個比賽，不會覺得壓力很大嗎？我在旁邊看都很緊張。」小男生神情自若，真誠地回答：「欣凌姐姐，你不覺得壓力會讓人更專注嗎？」如此早熟的一句話，在腦中叮一聲好像幫我解鎖了，才小學六年級就能把壓力轉為正向動力，點醒我該換個角度去思考、領會。其實，適量的壓力可以推動我們努力，提高效率和表現，變成一種好的力量。

近來主持一個兒童節目《超級總動員》，內容是藉由各種團隊競賽，讓中高年級國小生展現才藝、學習運動家精神。跟我搭檔的郭彥均有感而發地說可以的話最好讓小孩加入校隊，因為他發現平常有參與學校團隊比賽的小朋友特別能接受失敗，了解勝敗乃兵家常事，反而一路總是領先的孩子，往往輸了就哭得唏哩嘩啦。有一集錄完在拍照留念時，我看到一個小朋友很難過地在旁邊懊悔不已，就安慰他說沒關係、下次再加油，沒想到他卻很認真地跟我說：「你爸媽沒教過你第一名很重要嗎？」

可以想像他天天承受多大的壓力！同樣是小學生，完全不同的反應凸顯出教育的重要性。人天生想贏，沒有人喜歡輸的感覺，但面對並接受失敗是很重要的，得失心太重、抗壓性太弱、穩定度太低，一點挫折就扭曲絕對會影響未來人生和身心健康。當然也不能把挫敗當作習以為常的瑣事，變成毫無競爭力的「躺平族」，你們說，是不是很兩難！最完美的境界是——學習以壓力督促自己更專注，面對問題，檢討改進，再努力往前——而我，還在境外！

鍾欣凌的幽默與轉念

其實，適量的壓力可以推動我們努力，提高效率和表現，變成一種好的力量。

真正接納自己

生小孩後想學孫芸芸那種架式，當個貴氣的新手媽媽。

當我一手抱著小孩、扛著包，另一手還要推車，

才剛出門，汗就像下雨一樣的流，一點美感都沒有……

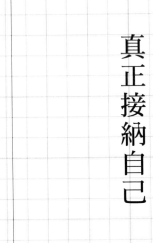

☆欸，我才沒有懷孕

到底是天生搞笑，或從小耳濡目染的培養，還是體型屬於厚片所導致的笑果？總之關於我身材的趣事，絕對可以拍一齣喜劇電影。

先從另一位厚片女孩講起：可愛的好朋友杜詩梅，她總把自己弄得漂漂亮亮，不卑不亢，自信又快樂，向來是我學習的榜樣，就像她在《麻辣鮮師》裡的角色陸小曼一樣，她，那麼古靈精怪、滿滿的奇思妙想。記得有次我們去逛街，穿梭在一家家店鋪裡，精挑細選耳環、項鍊等各類配飾，老實說我只想著等下要吃義大利麵，還得小心不要轉身太猛、碰倒整排東西。

好不容易逛完了，兩人拎著大包小包，正舉起手想攔小黃，詩梅說不要浪費錢，坐捷運很方便。但當時已經是交通巔峰時間，一定很擁擠，沒位子坐多累，她只叫我放心，她處理。果然一進車廂全滿，我忍不住轉向她翻了個白眼，只見她冷不防地說：「差點忘記你懷孕了喔！」……啊，我……你來這招……臺灣人很溫暖，車廂裡很多人已經準備要起身讓坐，我趕緊說：「沒有、沒有，真的不用。」以為事情就這樣過了，偏偏我這朋友說到一定要做到，她鐵了心要讓我們有位子坐。過了一分鐘，她又演出「突然想到」地說：「啊，不到三個月不能說喔！」不騙你們，車廂裡一半的人都站起來了，我尷尬地說：「真的沒有，要不要我捶肚子證明？」這時有一位男士笑笑地說：「你們就坐吧！」好氣又好笑舒服地坐下之後，詩梅湊到我耳邊悄聲說：「see，我就說一定有位子。」

被誤以為懷孕讓座不只一、兩次，等到第一次真的懷孕時，想說終於可以堂而皇之接受人家的好意了，沒想到，還有更棘手的。有次去醫院產檢，那時大概才懷孕五、六個月，站在診間旁等候叫號，這時一位阿桑經過大聲嚷嚷：「唉呦，肚子那麼大，趕快坐下來，雙胞胎喔！」氣死，很想罵關你屁事，但低頭看看肚子就特別大啊，只好對她報以優雅的微笑。

還有一次去宜蘭，坐客運回臺北，所有人排成一縱隊等候上車。有個站務女孩看著我，眼神透著溫柔，我心想：「不要……不要喔。」只見她匆匆地跑到旁邊拿了一個紅色塑膠椅，放到我面前說：「給你坐。」跟我料的一樣，她以為我懷孕了！重點是她也是大尺碼女孩，照子應該會更亮一點啊，還是可能胖子心腸都比較好，寧可錯殺，不可錯放？本來有點小受傷，想說明明剛減了七公斤，再說，這個年紀應該不會再發生這種事了啊——難道我看起來這麼青春？像三、四十歲的還能生小孩？嗯，原來我也是凍齡美魔女，哇哈哈哈……

☆ 重量級的笑話，誰幽默

有一個經典笑話是朋友告訴我的，他看棒球直播時聽到主播說：「揮棒，擊出中外野方向，很高很遠……全壘打嗎？哎呀，被接殺了！這就像是約會時以為對象是林志玲，結果來了鍾欣凌。」我大笑叫好，這主播也太有幽默感了吧！而且對我而言，這不只代表有知名度被記住名字，地位還提升到可以和大美女林志玲比肩，放在同個天平上討論，是不是很值得鼓掌？

第一次拍戲吊鋼絲全身緊繃，擔心自己太重，鋼絲承受不住，所以醜話說在前：「師傅，我很重喔，這個行不行啊？」先打預防針免得師傅措手不及，而且真的很怕摔下來。結果師傅說：「沒有關係，我這個喔，前一個是吊牛的。」他一本正經，沒有在笑我，但怎麼感到糗到爆……多虧他那麼幽默，讓我比較放鬆了，牛都ＯＫ嘛，我算哪根蔥。

老公向來也很會用幽默化解「危機」，有時他開車太快被我罵，他會嘻皮笑臉地說：「載老婆太興奮了嘛！」連這種鬼話都說得出來。前陣子我們一起出門，在車上等紅綠燈時有個長腿辣妹從前方走過去，他的眼光忍不住一直追隨著。是不是找死！我冷冷地說：「你在看哪裡？」他說沒有。「撒謊，明明就在盯美女！」火氣開始上升。老公一本正經地看著我說：「真的沒有，我真的不喜歡美女，不然我幹麼娶你？」又一個幽默化解危機。

生了大女兒我又鬧笑話，跟朋友炫耀說女兒真的很愛我，睡覺都向著我這邊。有一天，當我躺下同步看著她滾向我的時候，驚覺，是因為我比較重，把床睡塌了，baby不會翻身，自然往低處滾動。真相大白，原來又是誤會一場。

☆吃！不可或缺

羅馬不是一天造成的，會胖的主因就是太貪吃，我不是用什麼路、門牌幾號描述位置，而是用好吃的店記憶，譬如順成麵包店轉角處的星巴克、誠品對面那間燉湯店旁邊的巷子……對我而言，腦海中的谷歌地圖密密麻麻全是叉子符號，絕不會弄錯。

有時減肥不能吃東西時，有個新發現：時間變得好多啊。平常一天到晚的行程安排是早上先吃甜不辣和麵線，接著去星巴克買飲料配韓劇，然後如果不飽再吃魷魚羹米粉，所以早上五個小時重點都是吃，把這些拿掉生活好空虛，多出的時間要幹麼？醫生和朋友都說我很難減下來，因為美食對我是療癒，和幸福、快樂、愛緊密連結。

☆ 貴婦夢再見了

有次在節目上訪問大尺碼女孩，她說騎機車時被後面另一部機車撞到，結果那人很無辜地說：「小姐，你太大隻了，我看不到前面的紅綠燈。」女孩以一種很釋懷的神情，興高采烈地講笑話般，完全能接納自己的外在。

現在的我也是如此，不像年輕時高喊胖胖的也很快樂，說穿了只是給自己打氣，其實還是在乎得很。現在被誤會、被開玩笑，真的不太會玻璃心碎一地了，越來越體悟到「我就是我」，還是要以健康為主，至於其他，感到舒服自在就對了，不必羨慕別人，更不必考慮自己在別人眼中的形象。再講個爆笑的例子，曾經很嚮往貴婦名媛的生活，想打扮得美美的，開一部敞篷車拉風地呼嘯而過，多麼蝦趴！不過一直沒機會，直到後來坐上了聶雲的保時捷跑車，本來想說終於等到這一天了，沒想到一坐進去就後悔了，跑車底盤很低，坐著感覺像是半躺著，核心不夠力還沒辦法起身拿水喝，而且到達目的地時因為大腿肌力不足完全站不起身，真的是努力爬出來，狼狽到想叫救護車。

從此打消香車美人的白日夢，那麼吃頓昂貴的法國燭光晚餐應該沒問題吧！法式高級餐廳習慣一道道送上來，所以特別慢條斯理地吃完第一道，然後擦擦嘴、喝點酒等著，結果第二道送上來前我已經很餓很餓了！搞不懂為何吃個飯花三、四小時？後來在節目上遇到法國型男法比歐，他說慢慢吃很正常啊，跟朋友聊聊天、喝酒，享受氣氛，臺灣吃熱炒還不是都混到半夜？不對喔，臺灣人會吃飽再喝酒，而且熱炒都十幾盤全部一起上來好不好！哪像它們請吃晚餐約八點，客人到了才開始慢慢煮，餓到想翻桌；唯一的方法是自己先填飽肚子，就像婚前和老公約會都先吃滷肉飯，約會完再回家煮泡麵，他看我只吃點沙拉就飽了，還以為我食量不大……笑死，幾片生菜怎麼能造就白白胖胖的厚片吐司！

我的貴婦夢還有後續，生小孩後想學孫芸芸那種架式，當個貴氣的新手媽媽。正好老公要去法國演出，就要求他送我一個ＬＶ媽媽包，幻想自己可以一肩背著名牌包、一手推娃娃車，在貴婦百貨裡優雅地逛街購物。老公也依約買回來一個很漂亮的LV包，趕緊搭一件仙氣飄飄的洋裝，帶著兔寶出門，結果再次體驗到想像和真實完全不同。包包本身就很有分量，再加上一堆奶瓶、尿布，好幾公斤重，偏偏側背包的細帶會連同胸衣肩帶卡進肉裡，痛得要命！當我一手抱著小孩、扛著包，另一手還要推車，才剛出門，汗就像下雨一樣的流，一點美感都沒有……

有句話說「幻滅是成長的開始」，經過一次次的領悟，五十歲後我活得越來越自在，很主要的原因是我更了解自己並忠於自我了。這些糗事和自嘲不只是豁達，而是能跳脫出來欣賞自己的能力，又能藉此讓大家歡笑，是一件很幸福的事。你今天心情好嗎？希望讀到這裡能讓你開懷大笑！

鍾欣凌的幽默與轉念

我活得越來越自在，
我更了解自己並忠於自己了。

停損點

遇到不盡理想的狀況，不要遲疑，立刻修補；

但萬一已經來不及了，三天就是低潮的底線，不能一直拖下去。

沉溺在裡面自怨自艾於事無補，必須找個方法跟壞情緒相處。

☆情緒過去，但不能放過

投資失利時，虧損到達某個程度必須認賠殺出，要設立停損點的時機免得傾家蕩產。在生活上，不管是人際關係或工作遇到挫折或不滿意自己的表現時，難免會沮喪消沉，不知道大家是否也有設立情緒的停損點？

最近在上太極課，練習動作時，同個動作會反覆做八次左右，老師解釋是七次少了一點，九次多了點，十次太滿，所以八次剛剛好。這樣想想，我也有面對停損點剛剛好的數字，在工作上遇到不如意，我給自己的時間是傷心難過盡量不要超過三天（失戀例外啦，那可能至少三個月），不想壓抑假裝沒事，但也不想陷在裡面太久，太嚴重時會找姐妹淘哭訴。當然開始時沒辦法這麼迅速精準，三天後就不痛不癢，但漸漸地，我發現設立停損點真的會讓復原期的痛苦掙扎比較快結束。

像是拍《我的婆婆怎麼那麼可愛》時，其中有一段導演鄧哥覺得我演得有些over，跟他希望呈現的節奏不太一樣。重複四、五遍仍然不太對勁，到最後一次鄧哥似乎妥協了，我雖然覺得可惜，但那時的我無法心領神會，也不好意思再浪費大家的時間。收工後從宜蘭回臺北，經過長長的雪隧，一盞盞燈光閃爍眼底，心裡卻越來越混亂焦躁。回到家更是不斷想著自己沒完成的表演，這時候停損點就要更提前了，因為第二天馬上接著開工，我想要在開工前解決心中的陰影。

第二天一看到鄧哥，我就說：「昨天我那一拍沒做好，我有點沮喪。」畢竟沒有當場立刻要求重來，表演時猶豫不決，導演也過關了，工作人員開始移燈光要拍下一場，你再要求重來就是找麻煩，而且有可能還是沒做好。演戲就像丟接球，彼此之間的拍子乾脆或者尷尬，誰沒有丟好或接好，自己心裡都清清楚楚。金士傑老師說過，很多戲，突然有一天，你會知道應該怎麼演，也可能，你一輩子都不知道應該怎麼做，現在，在過了兩年後的現在，我知道那一拍該怎麼處理了，雖然過了，但學到了就是我的。

☆壞情緒的賞味期限：三天

後來有一段是要講一大串「貫口」，就是相聲裡的表演方式，連珠炮式說出很長的臺詞。老實說這種講究一氣呵成、清晰流暢的貫口，我始終有心魔，明明在家已經背得滾瓜爛熟，但正式來是另一回事，很怕講不順或太刻意，只要NG三次以上，心魔就越來越巨大，過不去就是過不去，第十次還是過不去！

那段也是到第二次覺得不夠好，但導演沒意見，以前就會說服自己算了，但有鑒於先前的經驗，馬上大聲說：「對不起，再給我一次機會。」結果還是不行，比第二次更差……心魔來了，叫它走開，又鼓足勇氣說：「對不起，再給我一次機會，萬一還是不好就用第二次吧。」一快講到前三次跌倒的那個坑時真是膽戰心驚，好險，我漂亮地跳過去了，喔耶！

自此更堅定遇到不盡理想的狀況，不要遲疑，立刻修補；但萬一已經來不及了，三天就是低潮的底線，不能一直拖下去。沉溺在裡面自怨自艾於事無補，必須找個方法跟壞情緒相處。賞味期限三天，至於這三天如何自我療癒呢？除了最愛的麵線、甜點各種美食吃飽飽，還會看看海、吹吹風、追追劇、喝喝酒……讓自己跳脫現實，藉以淡化掉不舒服的感覺，最後再跟自己對對話，剩下就管他媽媽嫁給誰的Let it go啦。

☆ 黑青永遠沒好，怎麼辦

除了工作，生活裡可能遇到很多狀況讓人情緒低落，當然也都要設停損點。這讓我想到二寶的「黑青疑惑」。她才小學一年級，但已經不曉得跑多少趟保健室了，其實撞一下也沒什麼大不了，我笑她是不是愛上保健室老師。有次她又不知怎麼撞一塊黑青，問我：「黑青明天會不會好？」我說會，她追問：「如果明天沒好呢？」「後天會好。」她不放過，「那後天還沒好呢？」「大後天會好。」「那大後天不好呢？」她開始沒完沒了鬼打牆的模式，我沒耐煩地打住她，「反正總有一天會好。」

沒想到她繼續糾纏，「那永遠沒好呢？」我沒好氣地說：「那就是你有問題，要去看醫生。」

話一說出口，我不禁想到情緒不也是這樣嗎？羅北安老師在《結婚！結昏？辦桌》那齣戲裡有首曲子：「一天又一天，我們長大一點點，一年又一年，我們長大一點點……」很多事也是這樣，總是慢慢會好一點點、懂一點點，那是當下人生的功課，總有一天悲傷難過遺憾悔恨都會過去，如果它們一直跟著你，像二寶說的黑青永遠沒好，那或許就要想想是不是自己出了問題，需要諮詢專業意見，必須有病識感，最重要的是千萬別傷害自己。

兔寶二寶現在很愛看YouTube，有天我洗好澡時發現她們在看一段類似紀錄片的影像，是一個年輕人喝農藥自殺。雖然有救回來，漸漸可以正常飲食，但只是勉強醫治，後遺症使得他雙手發黑，醫生說肺已經纖維化，過不久他還是過世了。儘管女兒們還那麼小，不太忍心提起如此嚴肅的話題，但也想趁此機會教育一番，我跟女兒說，人生難免遇到很多不開心的事，但也有快樂和希望，無論如何就是千萬不能傷害自己。

常覺得人要灑脫，欣賞有些人在最難熬的時候還能頭髮一撥就往前走的樣子！現實和想像不一樣，挑戰總會不斷出現，相信事情走到谷底就會往上爬，未來有更美麗更坦蕩的路在前方，放手搞不好日子過得更自在，而且事過境遷一定會感謝那些曾經的挫敗。

鍾欣凌的幽默與轉念

人生難免遇到很多不開心的事，
但也有快樂和希望，
無論如何就是千萬不能傷害自己。

當媽媽的日子

有次委屈地跟朋友傳簡訊抱怨：

「生活就是一直低頭包尿布洗奶瓶，已經很久沒有抬頭看天空了。」

☆ 媽呀，才不浪漫

曾經以為結婚生子、為家人煮早餐是最幸福的事，後來知道那只是浪漫情懷作祟，現實是照顧老公小孩很勞累。人生每個階段對幸福的定義都不一樣，小時候嚮往的戀愛時的風花雪月、羅曼蒂克很快地發現持續不了一、兩年就轉為厭倦，分手是唯一的下場，開始懷疑自己能不能嫁出去，或許單身生活也不錯。

結果認識了我老公，相處期間當然不是一帆風順，很多風風雨雨吵吵鬧鬧和大家都差不多。交往邁入第五年，我發現兩人的感情走到了不是分手就是結婚的局面，於是，我們就結婚了（是不是很不浪漫）。

終身大事辦完，再來是考慮生小孩。三十八歲的我即將是高齡產婦，不知道自己還生不生得出來，朋友介紹一位神醫，看了一個多月居然很幸運地就懷孕了。

☆生產才發現肚皮有夠厚

從產檢開始就又怕又好笑，聽人家說懷孕五、六個月會有胎動，生過小孩的朋友說覺得有啵啵啵的氣泡。我毫無概念，是像放屁嗎？直接問醫生比較準確，所以一定按時去產檢。有一次護士拿個胎心聽診器按在我肚子上，移來移去半天，滿頭問號，叫學姐來幫忙。學姐進來也弄半天，說找不到胎兒的心跳聲，照說這個月分應該很清楚了，於是學姐又請醫生來。兩位護士在旁邊緊張兮兮的，我躺著更是七上八下、六神無主，孩子沒心跳了？怎麼都沒感覺？還好經驗老到的醫生一來，立刻聽到答答答，「沒事啦，就是牆壁比較厚啦，你肚子像席夢思蓬床，不必擔心。」醫生的幽默，緩解了所有人的緊張，原來是本人肚子的隔音太好啦。

之前就發現這位醫生很風趣，他擅長用簡單又好笑的比喻讓產婦們了解狀況。有一次產檢，排在我前面的一對小夫妻對於懷孕生產的事有些質疑。老婆說：「醫生，我老公說生孩子像大便一樣簡單，一點也不會痛。是這樣嗎？你跟他說啦！」醫生沒頭沒腦地問老公：「你的手有沒有被車門夾過？」老公說：「當然有啊。」醫生接著解釋：「生產前會有陣痛，肚子像被車門夾到，五分鐘夾一次，一次夾三分鐘，你說痛不痛？」老公傻眼說：「喔，很痛。」醫生又說：「所以你是不是要對老婆好一點？」老婆在旁邊很開心地點頭如搗蒜。

輪到我給醫生檢查時，想到被車門夾的感覺，一開口就說想要剖腹。最後也真的不得不剖腹，因為眼看預產期將到，醫生觸診發現胎位不正，而且血壓偏高，必須立刻住院，明天安排手術。

第二天推進產房前，我已經洗好澡、換上手術服、坐上輪椅，護士問我老公要不要進去陪產。一瞥眼，他老兄正認真地在鋪床（厲害了，在家沒看過他鋪床，在醫院竟會幫忙鋪床），「恰巧」沒聽到。我悄聲回答不用啦，他可能很害怕又不好意思直接拒絕，我也不希望看到老公昏倒。

進到產房裡，被牆壁溫暖的淡橘色包圍，不是可怕的死白和刺眼的燈光，耳邊還傳來悠揚的歌劇，稍微放鬆一點。可是真的一移到手術台上，又緊張到全身在發抖，這時可愛的醫生再度發揮幽默感，「不要給我聽這個義大利的歌仔戲，聽不懂啦，給我放周杰倫〈聽媽媽的話〉。」逗得我忍不住笑出來，隨著麻醉的藥效身體整個放鬆了下來，只能吸氣、吐氣、吸氣、吐氣。

終於卸貨完成，女兒呱呱墜地。我被送去恢復室，昏睡中忽然想咳嗽，糟糕，事情大條了！莫非定律再次應驗？記得有人說生產前千萬不要讓自己感冒，因為麻醉後會沒有力氣咳嗽，偏偏我就感冒了，但現在麻藥還沒退，完全沒力氣，痰又卡住不能呼吸，只能勉強發出喉音，護士問我是不是想咳嗽，趕緊幫我清痰，才解決了這趟驚魂之旅。不知道溺水時是否就是這種感覺，水哽住喉嚨，沒有氧氣，手腳亂晃亂抓，卻無能為力往下沉。

第一次感覺和死亡很近，是還沒看到一道光或人生跑馬燈啦，感謝護士救命，後來又聽說滿多產婦會這樣，看來只是自己嚇自己。

☆擠奶完全輸了

生完小孩，擠奶又是個關卡，月子中心護士說乳腺像雪隧在塞車，把它弄通後面車子就可以源源不絕、暢行無阻。我脹奶時整個胸部痛到像雷殘（臺語：騎機車滑倒），奶水卻一直是小細流，麗音姐聽我訴苦，特別送來黑麥汁，說喝這個乳水會ㄍㄨㄥˋㄍㄨㄥˋ流。媽媽也問鄰居，說要吃花生燉豬腳，奶水會多到噴牆壁，跟蓮蓬頭一樣。我都嘗試過，無效。可能脂肪太厚，把雪隧塞滿了……

有一個夜晚擠了好久，終於有60ＣＣ，連一個90ＣＣ小奶瓶都裝不滿，但已經算收穫頗佳了，很珍惜地拿去哺乳室放奶瓶的箱子。這時迎面有一個很瘦、很小隻、大概體積只有我一半的媽媽，拿著兩滿瓶奶走過來，整個氣場使她變成了趾高氣昂的巨人，相形見絀的我變成哈比人。

出月子中心時，很多媽媽會帶著母奶冰棒回家（因為奶水過多的要冷凍起來免得壞掉）。看她們從護士手中接過那一大包，又更落寞了，因為我只有帶著一只耳溫槍，沒了，我是孑然一身的母牛。

☆當媽媽沒空看天空

帶小孩更是辛苦，大女兒兔寶一直哭，顯然不是天使型寶寶。那時最怕黃昏來臨，眼看長夜漫漫路迢迢，因為兔寶不明原因哭個沒完，最高紀錄凌晨十二點喝完奶哭到早上六點，哭到我神經緊繃，連聽到紗窗門吱一聲或者是貓叫聲都覺得是她在哭。早知道帶小孩要吃那麼多苦頭，可能不敢生啊，所以後來常當壞人，給周圍想生小孩的夫妻朋友打預防針——照顧嬰兒不是餵餵奶、換換尿布那麼簡單，要做好心理準備，至少三年不能好好睡一覺。

儘管如此，還是生了第二個，所有操煩倒帶從頭開始，是不是有句話「好了傷疤忘了疼」？有次委屈地跟朋友傳簡訊抱怨：「生活就是一直低頭包尿布洗奶瓶，已經很久沒有抬頭看天空了。」稍微冷靜以後，繼續包尿布洗奶瓶，不過有適時地抬頭看看天空啦。

之前《老少女奇遇記》去臺東出外景，住在一間舒服的民宿，第二天的通告是中午，鬧鐘設十一點起床。當我睡醒的一剎那，看到陽光灑進來，鬧鐘還沒響，忽然喜極而泣。這是十年來第一次睡到自然醒啊！能夠睡到飽是多麼幸福感恩，於是，我趁機賴在床上，享受太陽晒屁服的寧靜早晨。

小孩都這麼難搞？

每個小孩的難搞處都不一樣，真的是為人父母最大的禮物與修煉。

親子之間的互動是門很困難的學問，到底怎麼教養才是最好的方式？

☆ 姐妹的路數千奇百怪

當了媽媽以後，想到不曉得自己baby時期好不好照顧？以基因來推斷，兩個女兒這麼難帶，我應該也不會是什麼乖巧的貨色。老實說，她們有些「路數」跟我還真像，但更多時候她們花招百出，搞到我應接不暇，只想仰天吶喊：「現在是怎樣！你們兩個也太難搞了吧！」世界上有不哭不鬧的天使寶寶嗎？我懷疑。

日常一堆小惡魔事件真是族繁不及備載，姐妹兩個不相上下。舉例來說這兩隻都跟我一樣很愛吃，姐姐兔寶還會故意利用這點惹妹妹二寶，那天煮麵條給兩人吃就活生生上演了。兔寶故意慢條斯理地品嘗著，二寶狼吞虎嚥吃完還想要一碗，我說不行，再煮一碗她吃不下。二寶竟然請姐姐分她一條，兔寶一口答應，我在旁覺得有點意外，然後看到她小心翼翼地咬了三公分的麵，放進妹妹的空碗裡，二寶氣呼呼地拒絕接受。

不要看兔寶這麼古靈精怪，她因為吃可以傻到撞牆，學校因此打電話來。當家長的人都知道接到小孩學校電話有多麼可怕！校方說兔寶在學校撞到牆，冰敷後沒什麼問題，應該不必看醫生，但還是要跟媽媽報告一下。

下午兔寶頂著臉頰上小塊黑青、一臉沮喪地回家，我問她怎麼會撞到？「今天午餐是我最愛吃的義大利麵，我很高興趕快去洗手，但因為太開心，跑太快就不小心撞到牆壁，老師就帶我去保健室，護士阿姨幫我擦藥……」這個答案也太瞎了！我心疼她撞到頭會不會很痛，她卻說那沒關係，重要的是最後她沒吃到義大利麵。

哎呀，原來這才是最氣的事。美食對我們家太療癒太快樂，真的是一脈相傳，像出國選地點，我問女兒想去哪玩？兔寶說：「泰國。」「為什麼？」「因為雞翅很好吃。」二寶接著說：「日本，因為草莓霜淇淋很好吃。」

不過最近一次因為吃卻是氣到我快失控，可能更年期障礙，再加上減肥情緒波動較大吧。那天帶女兒去國父紀念館看兒童劇，上半場看一半二寶說要尿尿，問她能不能等到中場休息，她說憋不住，結果到中場休息她又要尿尿，說是喝太多水，但我懷疑她找碴。

事情還沒結束。二寶有一點很像我：別人的都是最好的，別人的薯條比較好吃、別人的報紙比較好看。知道二寶也有這種毛病，所以前一天帶兩姐妹去買餅乾準備今天看戲中場的零食時，問她要不要跟姐姐買一模一樣的，她說不要，堅持選另外一種。

中場休息過後進到裡面繼續看戲，兔寶看得很感動，二寶卻忽然說肚子餓。壓抑著怒火帶她出來，問為何剛剛中場時不吃，她說：「現在才餓啊。」遞給她餅乾，她居然吵著要吃姐姐那包，我很生氣地說：「你昨天明明不要那種，只能吃自己的這包。」她拿去拆開後一片也沒吃，悶悶不樂地說：「我們進去吧，我飽了。」

那時如果有人在我身上扎一針，我一定就會像卡通畫的那樣變成漏風的氣球飄走！但絕對不能在人前罵小孩，免得傷她自尊，以後陰影面積很大，只好把全身滿滿的氣默默吞下去。

☆ 惹事姐妹變天使？

雖然女兒常常吵鬧惹事，但有時候也貼心到讓媽媽感動到想掉淚。有次我跟老公忘了什麼雞毛蒜皮的事起口角，吵到不可開交時，兔寶忽然很快地爬上床，拍拍我的肩膀說：「冷靜、冷靜！」動作表情可愛又滑稽，火冒三丈的夫妻倆忍不住噗哧笑出來。還有一次拍外景太累，睡覺時打呼很大聲，二寶抱怨說：「媽媽你打呼很吵，可不可以不要再打呼了？」兔寶立刻維護我，「就是因為媽媽很累才會這樣，你不要再囉嗦。」頓時心裡甜甜的暖暖的，繼續放聲打呼。

兔寶越來越有姐姐的樣子，前陣子二寶睡前亂哭鬧，叫她道歉她不肯，被更正就不講話掉眼淚。我不希望睡覺時帶著今天的任何不愉悅，只好作罷，這時兔寶說話了：「妹妹，我們的媽媽是很好的媽媽，我很多同學的媽媽更凶。」二寶想了十幾分鐘後，終於小小聲說對不起，我很高興地說沒關係、睡覺吧，二寶突然冒出一句我覺得很有哲理的話：「道歉好難喔，就像潛水一樣，要先深呼吸好多次。」兔寶立刻以姐姐之姿說：「對啊，是不是說出來就舒服了？」

☆帶小孩是打怪之旅

前陣子我covid確診，勢必要隔離，只好全由老公照顧女兒。本想說完蛋了，一個人帶小孩是很恐怖的，沒想到老公把兩隻調皮鬼照顧得很好，而且她們也意外地乖巧可愛，每天問候我好點沒、吃飯上課都跟我報告。二寶還在牆壁上畫一顆大愛心，裡面包著一顆小愛心，表達她對媽媽的想念，偏偏畫了覺得不太完美，又用橡皮擦擦掉。有潔癖的我出來看到快昏倒，只見牆上一坨坨黑黑髒髒的，但想著要給孩子創意空間，平常沒力氣帶她們上山下海露營騎馬，在家畫圖總不能又制止吧！只好大大稱讚，假裝鼓勵，她聽了畫家魂大開，又在櫃子上到處畫笑臉，還要我找找看有幾個……只能按捺著一把火，盤算哪天請工人重新刷油漆。

就這樣兩個女兒越來越自由奔放，還特別愛吐槽我，難免偶爾忍耐度到極限叫她們閉嘴，她們會說：「喔～媽媽講『閉嘴』，那我們以後也可以講。」我只好沉默，因為是我不對。我不能說有些話大人才能講、小孩不能講，那可能要解釋更多，否則顯得很無理；告訴自己要把她們當大人，也不能凡事用「你長大就會懂」來搪塞。

每個小孩的難搞處都不一樣，真的是為人父母最大的禮物與修煉。親子之間的互動是門很困難的學問，到底怎麼教養才是最好的方式？參考親子專家的提議，跟朋友請教，觀察別家相處融洽的撇步，希望能從中成長、反省，提供給孩子一個快樂的家。剛開始遇到問題常常不知所措，但遁逃或一味發脾氣都無法解決，往後還有很多關卡要度過。來吧，我們就見招拆招，一起練功打怪吧！

人生每個階段對幸福的定義都不一樣。

Part 3

生命是累積

喂！不要超線

有時候是做太多、超線了，有時候是做得不夠，

拿捏得「剛剛好」真的需要學習。

☆拍片還要去收驚

去年拍了支影片，其中一個鏡頭，導演希望有恐怖片的氣氛，特別把攝影棚佈置成廢墟。可能演得不夠驚恐，導演一次次喊卡和我溝通。打起精神再來一次，忽然有一隻手從下方抓住我的腳踝！我大叫一聲只差沒昏過去，原來是監製出手，希望用這種方法拍到最驚恐的那一瞬間。我真的覺得太不禮貌了，第一她不是導演，第二她這樣做太不尊重我，第三她至少要先跟我經紀人講過。

你……踩到我的底線了。拍完後那位監製送上一束花表達歉意，我假笑接受（是真的笑不出來），其實心裡仍圈圈叉叉想飆髒話。回家後，我大哭一場，隔天，經紀人帶我去「行天宮」收驚。不瞞大家說，回憶起這件事我還是覺得背緊緊的。

☆做一名「剛剛好」的前輩

我自己也曾經越界，沒拿捏好尺度。在拍攝《我的婆婆怎麼那麼可愛》時，有一場戲是演我年輕時當上媽媽，兒子才兩、三個月大，我忙著做餅，不小心把奶瓶塞到baby肚子上，想當然兒子要放聲大哭；劇組找來的嬰兒很乖，安安靜靜不吭一聲，工作人員要那位媽媽捏一下孩子，讓孩子哭出聲，媽媽說她不忍心，讓我們處理。當下自認是兩個孩子的媽，比較知道輕重，就伸手捏一下嬰兒的大腿內側，嬰兒嚇到哇哇哭了起來，那幕戲也順利拍完。回家後我覺得過意不去，再怎樣都要讓媽媽自己或工作人員動手，演員負責演好戲，不應該介入這部分，有點像幫美術找道具，到底在假會什麼？

有時候是做太多、超線了，有時候是做得不夠，拿捏得「剛剛好」真的需要學習。去年和師妹馬宥漩參與演出《最佳利益3》，她扮演我的小姑，有一場很驚悚的戲是她過分干涉我的婚姻，我狠下心想用水泥活埋她。工作人員拿海底泥膜來取代，導演要我一瓢瓢慢慢往她身上倒。當時想說順便保養皮膚，不會有什麼問題，又想著要一步到位，太早讓海底泥塞到她的鼻子，讓師妹必須一邊hold住氣很久，一邊演出痛苦害怕地掙扎，那個特寫表情非常逼真，可是她被嗆得很難受。

事後我跟師妹道歉，她是公司的新人，沒有經驗或者不敢要求，我這個師姐應該保護她，而我只想到讓戲更逼真，有點見獵心喜、殺紅了眼，不夠體貼。如果先用鼻塞或衛生紙塞住，讓泥不會衝進去，至少不會灌進口腔，師妹就不會那麼難受。

如果是楊貴媚媚姐演這個角色，她一定會更體貼更周到的。記得第一次參加金鐘獎時，本來打算隨便買件洋裝湊合，媚姐知道了說這樣走紅毯太不正式，跟丹薇姐幫我準備禮服到半夜，她就是向來很會替人著想，很有同理心。在各個職場上也是如此，當你已經是資深人員，做事熟練，可以把所有意外減到最低；但帶領新人，必須更設身處地為對方著想，想到更多可能會遇到的狀況，才是好前輩。

☆路人的熱情擋不住

平常生活中也會遇到尺度的問題，很多人心直口快或動作粗魯，雖然沒有惡意，但忽略了別人的感受；坦白說被人這樣對待時，我很不善於處理，明明不開心卻不能說出來。比如有一次有個很熱情的阿桑說二寶太大了，不該咬奶嘴，竟然直接出手一把拿掉奶嘴。又有一次走在路上，一個阿桑猛然拉著我說：「唉、唉，你是不是鍾欣凌？」然後轉頭跟朋友說：「對啦，我就說是咩！來來來，過來拍照。」她的力道之大，我被掐得又痛又氣。還有些計程車司機認出我，劈頭問藝人一個月賺多少錢？我支支吾吾帶過去，他們還會打破砂鍋問到底，搞得我如坐針氈。後來問師兄趙哥該怎麼解決，他說：「你就說大概一個月兩百萬，你看著，這樣講他一定閉嘴！」嗯……可能吧，但我怕被綁架。

有些觀眾過度熱情，沒先詢問就拉著我拍照，遇到這些狀況，我多半是有技巧地用沒化粧或白髮太多閃避開。這是自己的選擇，任何工作都是要付出某些代價，你不能只拿好處。更何況演藝人員真的被照顧得很好，說真的誰會沒事送你禮物，或在街上大喊你的名字、給你加油打氣？去餐廳吃飯，有的老闆會特別附送小菜，或是坐隔壁桌的認出我，送上一份蛋糕。憑什麼得到這麼多陌生人的愛護？只因為認真工作，又幸運地演了個可愛的角色？每每想到這些工作帶來的福報，偶爾小小的不舒服不愉快又算得了什麼呢！

大師是我的老師

我嚇得連忙說老師不要衝動，然後他又用那種有趣的眼神盯著狗狗，不知在心裡演哪齣……他的眼神很厲害，不需講話就可以表現出各種喜怒哀樂萬般情緒，而且彷彿有種魔力。

✩ 大學初識金寶老師

藝術大學一年級，在金士傑金寶老師走進教室前，從來不知道老師可以這麼認真。他教我們排練課，契訶夫、田納西等等經典名劇都是他介紹我們才第一次讀到，下課後學生還會去他家裡繼續排戲。年輕的金寶老師雖然嚴格但親切熱情，我充滿困惑地問他，為什麼高中時覺得演戲很簡單（以前常常演一些「公民與道德」的小短劇），認真學後卻覺得很困難？他告訴我小時候只是念念臺詞、跳跳鬧鬧，不算演戲，真正的演戲本來就很難。

金寶老師與學生關係亦師亦友，有次大家相約一起到家裡吃飯喝酒，我們這一班個個是酒鬼，總共喝了七十二瓶啤酒、三瓶威士忌，我媽還把珍藏幾十年的一甕女兒紅打開，剩下一小壺送給老師帶回家。

我家有隻小處男狗狗很愛用身體蹭人，怎麼制止牠都沒用，金寶老師以前讀畜牧科，他看我一副很糗的樣子，說：「你給我一把美工刀，我可以幫你解決，而且會閹得很乾淨。」真假？老師醉了吧？我嚇得連忙說老師不要衝動，然後他又用那種有趣的眼神盯著狗狗，不知在心裡演哪齣……他的眼神很厲害，不需講話就可以表現出各種喜怒哀樂萬般情緒，而且彷彿有種魔力，有時候凝望著同學很久，淡淡地說：「你確定做功課了嗎？」像被測謊儀看透似的，我們只好乖乖招認，什麼謊都撒不了。

在那個青澀的年代，金寶老師是第一個讓我懂得讀書很重要的人。大學以前我很土，除了啃教科書，沒看過幾本課外讀物，大概只翻過瓊瑤、金庸、倪匡還有高中女生很瘋的言情小說之類的；較嚴肅的小說，比方說馬奎斯的《百年孤寂》《愛在瘟疫蔓延時》，對我而言都極為陌生艱深，剛開始看真的會想棄書，但想到老師說「有些人是花了一輩子寫出這本書，怎麼可以不好好研讀」，我就會繼續努力，慢慢地才啃出興味。

正如金寶老師叮嚀的：多多閱讀，體會其中描寫的情感，有機會去各地旅行，增添人生視野，並實際運用在表演藝術，才會有感染力。因此上金寶老師的課特別辛苦，所有表情、手勢、姿態要仔細觀察、聆聽、練習，全部從根基開始，當時甚至懷疑自己能不能走表演這條路。現在回想起那段歲月，在起跑點就遇到這位大師級的老師實在太幸運了！

☆教我存放抽屜的國修阿北

大學畢業後，屏風表演班找我去演戲，那是第一次靠演戲賺到錢，真的把演員當成職業也是從此開始，而最大的美好是認識國修老師。在他的帶領下，屏風表演班為這片土地留下豐富的人文風貌，更栽培出無數演員、導演、編劇各方面的人才，如此大藝術家的地位卻耳提面命、手把手地教我們演戲，怎麼能不深深感激。

那時還很嫩，我要演一個見到初戀情人的孕婦，我連戀愛都沒談過幾次啊，有點慌到不知道該怎麼演，國修老師說：「我跟你說，當你的小手指頭被小嬰兒緊緊握住時，真的會感動到痛哭流涕。」如此感性的他試圖用各種方法引導我，到最後才慢慢理解那種可以把全部奉獻給孩子的心情。

國修老師有段話對我影響特別深，他說：「平常生活裡的各種情緒要隨時存檔，這都是養分，你把情緒存檔好，放在內心的一個個抽屜裡，這種抽屜越多越好，以後表演需要時可以打開使用。」年輕時有時演哭戲擠不出眼淚，無計可施還曾經用催吐的方法硬讓自己眼眶有淚；但慢慢地抽屜多了，可以較快進入角色，不必完全靠空想，期待自己的檔案存得很完整，像中藥行滿滿一牆壁的小抽屜，在戲裡有雷同於生活遭遇的情節，就可以找出對應的情緒，打開抽屜盡情享用。

除了專業訓練，平常國修老師和所有演員的關係也很親密，我們這些小輩演員習慣喊他「阿北」，這位阿北堪稱現代孟嘗君，大家都吃他的喝他的，我跟美秀這些窮養士去「屏風」排戲時，阿北都會揪著一起吃飯喝啤酒，排完戲又揪著一起吃消夜喝啤酒，他都坐在旁邊不動筷子。「阿北你不吃嗎？」我們問。「看你們吃我就飽了。」聽到瘦削的阿北這樣說，兩個胖嘟嘟的女生低頭猛吃，還點菜要炒飯、鹹豬肉，根本吃乾抹淨！阿北還會揪大家去基隆或宜蘭的漁港，坐他的車跑去先吃飯再吃冰，看人家下漁獲賣魚，體驗一下不同的生活。

阿北很瘋狂，我們去加拿大多倫多演出時，阿北說他想感受那種零下十幾度有多冷，就把冷凍庫打開，把頭伸進去，站在那半天，第二天神經兮兮地說：「真的很冷喔！」他也很有職人精神，有陣子他迷上一夜干，為了做一夜干去買工業用電風扇，因為風要夠強才能一夜把魚吹乾。有時還買章魚，那是最難處理的，一大隻要洗很多次把外面滑滑的汁液弄掉、眼睛的髒水沖乾淨，然後煮完再悶，裝入真空壓縮袋分送給大家。

二〇一三年，阿北離開了，每年忌日時所有子弟兵都會相約去看他，跟他再喝一杯。想著以前他老是帶著一串鑰匙、全身抹很多綠油精，淚眼婆娑中，好像又聽到那叮叮噹噹的聲音，聞到那股清香的味道……

幽默三劍客

之前紙風車劇團遇到火災，損失慘重，過沒多久名演員吳朋奉過世，在去程的車上，吳導問大家有沒有想說什麼話？只見原本滿臉悲戚的美國抬起頭，很粗豪地操著臺語說：「你就跟他說啦，我歸ㄟ工廠的佈景道具都燒給他了，叫他在天上好好搬戲啦！」

☆最愛小牛的柯一正

有時候喜歡翻一些名人的故事，常被他們人生中體悟的金玉良言所鼓舞，有一次讀到鋼琴家郎朗的書，裡面提到他爸爸督促他「練琴要練到像沒有明天一樣」，這句話深深打中我心——沒錯，別蹉跎，人生就是要這樣熱血。第二天去排戲時，遇到柯一正柯導，就跟他說起這段很勵志的內容，沒想到他卻說：「沒有明天幹麼還練琴？趕快去玩啊。」我頓時清醒，沒錯，都沒有明天了，幹麼還不去玩……

這位水瓶座奇才從小思考方式就不太一樣，他說最怕聽到大人說「千萬不要」，那只會令他加倍地躍躍欲試，所以當他有一次聽到大人說起殺牛時「千萬不要」把胎盤刺破——慘了！像著魔的咒語般，他特別準備去湊熱鬧，然後二話不說往胎盤戳下去，就因為那句「千萬不要」。

看不出柯導小時候那麼叛逆，現在總是自在從容的他只被我看過一次「破功」。柯導養了一隻狗叫小牛，寵愛牠到極點，一人一犬甚至可以對望五分鐘，他說小牛有話要說。有次他帶小牛來排戲，那隻狗狗很乖巧，什麼人養什麼狗，小牛的個性也跟柯導很像，喜歡自在地悠悠晃晃。休息時間我去廁所，看到小牛熟門熟路散步似的走下樓，應該OK吧，但還是跟主人講一聲吧。柯導原本很安然地坐著，聽我說完只嗯了一聲，忽然回過神大嚷：「啊？」起身衝去找毛寶貝。

除了小牛事件，柯導始終處變不驚，我問他這麼溫和包容，遇到白目的人會怎麼辦？難道沒有fire掉不適任的人嗎？柯導想起遇過一位工作人員滿奇葩，大家在正式拍戲的時候，那位老兄居然從鏡頭前走過去，而且一直搞不清楚現場的狀況。後來柯導把他調去做生活製片，因為他訂便當很細心，還會比較每間餐廳的味道。每個人都有優點，有些人在拍戲方面的機智不足，但生活細節無微不至；發掘每個人的長才，知人善任才能把事情運作得越來越好。

☆兒子眼中的吳念真

講起柯一正，大家應該很自然會聯想到他的超級閨密（哈！）吳念真。對於吳導，我們小輩仰望神一般，但他卻常是他兒子吐槽的對象。有次吳定謙露出促狹的表情說：「昨天我爸做了一件很屌的事。」大家立刻很好奇。「他很生氣地問我『ㄊㄟˋ怎麼拼？我電腦打半天都出不來這個字。』「我問他哪個ㄊㄟˋ？」「退休的退啊，我就打不出來啊？」「怎麼可能？我一看，啊，是ㄊㄨㄟˋ，不是ㄊㄟˋ啦！我老爸太屌了吧？」吳導在旁邊不好意思地傻笑著。這對父子的溝通方式很有趣，兒子雖然在嘲笑老爸，但眼中又充滿對偶像的仰慕，讓我想到女兒們也一天到晚鬧我，希望她們對我這個媽媽也有同樣的情感。

☆ 我是最大隻的檳榔西施

我對吳導尤其佩服的是，他竟敢找我演檳榔西施！那是在他編導的舞臺劇《人間條件》裡的角色，原本不是我演，吳導突發奇想找我去試試。如此大好機會絕對不容錯過，雖然滿腹懷疑能不能塞進戲服裡……第一次試裝時，吳導笑到眼睛瞇起來，「這應該是我看過最大隻的檳榔西施。」從此這個角色就被我包了十幾年，戲分不多但衣服超級繽紛，從蕾絲小甜甜、性感網襪，到《冰雪奇緣》安娜、艾莎的一應俱全、與時俱進。

一般既定的檳榔西施形象應該是身材火辣、長相豔麗，吳導的決定打破框架，讓一個胖胖的女生穿著清涼被眾男追求，更自我感覺良好，這就是吳導天才的另類思考。

雖然西施的扮相大受肯定，演起來也好像天生就嬌俏迷人，但偶爾仍有尷尬的片段，有句臺詞：「快醒來啊，你看，多麼幸福啊！終於可以躺在心愛男人的懷中啦。」講完忽然有點出戲，卡在那裡不知道要怎麼結尾，這時候突然想到紙風車執行長李永豐學長（我們都叫他美國，聽說當年鼻子尖挺輪廓深邃很像美國人）傳授的「不要臉表演法」。

☆美國老師，好！

吳導平常最愛和他鬥嘴，但又承認有些角色非李美國莫屬。美國的外型很像大家樂組頭，罵起五字經七字經順溜到不行，反差極大的是他還教導禮儀課。最誇張的是他有時演戲投入到太用力、呼吸不順，必須氧氣瓶伺候！至於他所謂的不要臉表演法，簡單來講，等同於近來流行語「只要自己不尷尬，尷尬的就是別人」。但我真的沒辦法像他那麼奔放啊，幸好大家幫我想到解決方案：準備一個裡面放滿亮片的小袋子，然後講完那段臺詞，從裡面抓一大把撒滿天，彩色亮片像花朵般散放，讓檳榔西施這場秀做出漂亮的ending，也算是符合美國說的不要臉啦！

剛進紙風車就聽說他的厲害了，排戲到半夜兩、三點不算什麼，那時有黑光劇，穿著螢光服裝的演員要跳上竄下，美國在雲門跳過舞，他總是激動地說：「我都做得到，你會做不到嗎？」不到位就一次次重來，並隨時用臺英語雙聲帶加髒話喊話到燒聲，叫大家要有energy、卡熱情ㄟ！在他心中，觀眾花錢來看表演，演員必須用生命演出，跟他工作你不可能無精打采、敷衍了事，他滿滿的活力和旺盛的表演慾，讓每個人都被感染而想拚命發揮極致。

☆幽默最高級

吳導曾說：「我這一生好像都沒有順利過，遇到困難事情，解決就好了！」柯導則是說：「我反應比較慢，反應到危機時，危機已經過去了。」兩個超級好朋友事業都如此成功，也都會遇到低潮期，而一個未雨綢繆、一個樂觀開朗，個性完全不同，各有自己面對困境的哲學，不知道美國的煩惱又怎麼處理呢？

之前紙風車劇團遇到火災，損失慘重，過沒多久的名演員吳朋奉過世，在去參加告別式的車上吳導說他要上臺致詞，問大家有沒有想說什麼話？只見原本滿臉悲戚的美國抬起頭，很粗豪地操著臺語說：「你就跟他說啦，我歸ㄟ工廠的佈景道具都燒給他了，叫他在天上好好搬戲啦！」明明是兩件如此悲傷的事，他卻能以豁達灑脫的角度看待，幽默的話語，讓感傷的氣氛瞬間輕鬆溫暖，是不是太經典太可愛了！

師兄，我和鸚鵡都懂你

趙哥很跩地說：「你不知道騎機車肩膀上站一隻鸚鵡有多拉風！」

他去排戲時就會選一隻說：「跟爸爸去上班。」

那些鳥可以從重慶南路一路黏著他到永和，從來沒有一隻飛走。

☆總是忘記照顧自己的趙哥

如果說遇到可能會起衝突的不愉快狀況，我的態度算是息事寧人的話，師兄趙自強趙哥簡直是逆來順受。趙哥向來非常體貼，他有一次去中南部拍戲時，覺得早上體力還很充沛就自己開車，回程再讓助理代勞，天兵助理也不客氣地在車上呼呼大睡。到了目的地，拍戲拍到一半，工作人員忽然停下來跟趙哥說：「可以請你助理打呼小聲點嗎？因為錄音會錄到。」中午放飯時，助理仍沒清醒，趙哥幫他拿便當，叫他起來吃飯。等拍完戲要回臺北時，助理說他又有點睏了，趙哥二話不說乖乖開回來。是不是太誇張了！趙哥一聲抱怨都沒有，後來是助理很不好意思當笑話講給大家聽，稱讚趙哥是世界上最好的老闆。

趙哥幽默有才華，個性真的是好到沒話說，只是他不太會照顧自己，忙到忘記吃飯、忘記洗澡的，搞得我們這些歐巴桑很想保護他，想餵他吃飯幫他洗澡（咦，太多）發揮母愛的光輝。

☆看！我肩上的鸚鵡

我很好奇他的抒壓方式，曾經聽他說過事情太繁雜、疲累到需要抽離的時候，他會盯著魚缸一個小時，看那些五彩繽紛的魚游來游去很解壓。對我而言這已經夠不可思議，殊不知還有更經典的：養鳥！有次他很得意地說：「我在鳥界是很有名的，你可以去打聽看看鳥界趙自強。」

除了電視、電影、廣播及劇場表演外，趙哥還有一個自己的劇團——「如果兒童劇團」，是他在二〇〇〇年創立的，至今製作幾百部大受歡迎的兒童戲，締造百萬觀賞人次的紀錄。劇團在重慶南路有個辦公室，是一間很舒服的房子，採光明亮，動線寬敞，有一天我去那裡探望師兄——傻眼！原本他的個人辦公室東西整個撤出來，擺上二十個鳥籠，是大到可以住哈士奇那種尺寸的籠子，裡面一隻隻色彩繽紛的鸚鵡邊嗑瓜子邊瞄你。

這時候趙哥很跩地說：「你不知道騎機車肩膀上站一隻鸚鵡有多拉風！」他去排

戲時就會選一隻說：「跟爸爸去上班。」那些鳥可以從重慶南路一路黏著他到永和，從來沒有一隻飛走。

有一天排戲時他帶來其中一隻，特別叮嚀大家不要惹牠，因為這隻心情不好，有憂鬱症。「他看到我帶別隻出門就會啄自己的毛，所以今天我帶他來，爸爸都懂，孩子們也都懂我……」看他很認真照顧著鸚鵡，每天帶不同的寶貝出門，所以壓力再大也可以開開心心的，果然每個人都有自己的世界，只是我百思不得其解，邊笑邊翻白眼！

☆相信就會有：輕輕公主的現身

除了很多奇妙行徑讓人嘆為觀止，趙哥也給我很多鼓勵，他很敏感溫柔，隨時說出名言打中我心，像是在《你不知道的白雪公主》裡想說的——「人不因平凡而渺小，人因為有愛而偉大」，總聽得起雞皮疙瘩。他寫的故事特別打動人，聽完會在我心裡埋下種子，萌生出好多感觸。

其中一篇他創作的童話叫做《輕輕公主》：從前從前，有一個輕輕公主，她因為受了巫婆的詛咒，全身沒有重量，隨時會飄起來，不能腳踏實地走路，所以大臣用一根繩子牽住她，免得她飛走。但是她在水上就不一樣，她可以自由漂浮晃蕩，所以國王就讓她在花園的湖裡玩耍。公主還有個特異功能，就是感覺不到痛苦和傷心，所以她從來沒有哭過。

有一天，女巫施法術要把湖水抽乾。公主很失望地待在皇宮裡，一位愛上輕輕公主的王子說，沒關係，他願意當塞子，讓湖水不會乾枯。王子於是淹沒在水中，堵住湖底的洞，但他不能呼吸，眼看著快淹死了。公主驚覺不對，她不想要王子死掉，就把王子拉到岸上，她的人生第一次有這種傷心的感覺，於是她開始大哭，眼淚多到盛滿整個湖泊。

他講完問我要不要來演成舞臺劇，「你演輕輕公主。」真的是見鬼了，我說：「輕輕公主？我八十公斤，你確定？」他點點頭說沒問題。後來排戲時有很多段我裝著很輕的樣子在天上飛，跳動時大臣用繩子把我拉下來，一跳上、一拉下之間好像都很完美。

到首演那天，不知怎麼搞的，忽然有點害怕上臺，想像萬一演得醜態百出，把美麗的故事變成亂搞笑怎麼辦？我怎麼可能輕輕飛起來呢？趙哥看出我的焦慮，就講起他媽媽的故事：小時候他媽媽從菜市場買菜回家時，他會在門口演假死，媽媽回來了，看到兒子躺在那裡，居然很配合地拉開嗓門大叫：「哎呀！誰家小孩？怎麼躺在這裡？怎麼辦？」他躺在地上，很得意地想著：「我成功了。」我聽了大笑，「問題是你講這個跟我演輕輕公主有什麼關係？」他眨眨眼說：「鍾欣凌，相信就會有。」

是啊，相信就會有。五個字讓我滿血回歸，瞬間產生勇氣與能量，重新找回自信登上舞臺。那場我跳得特別高、飛得特別美，臺下全部的小朋友也都相信我真的那麼輕盈、真的可以飄上天空。

這個故事還有一段也別有深意，是講到為什麼女巫要那麼壞，一天到晚惹事生非？其實，小時候的女巫跟國王曾經萍水相逢，小女巫把最心愛的糖果罐送給了小國王，也一直記著這位朋友。但是，長大後，國王忘記了，忘記糖果罐，忘記小女巫，忘記這份深情以至引來女巫的報復。原來，我們的善與惡，都其來有自。

你們是我的天使

真心覺得周遭很多人充滿智慧，不只是師長、朋友、工作夥伴，

有時候是僅一面之緣的人，他們一個個都像天使般，提醒我、

教導我，啟發我轉念，甚至讓我從另一種角度思考生命。

☆卡關不順遇見天使

不知道大家有沒有一種經驗？當你正沮喪、不順心或腦子打結，感到無解的時候，忽然有人來幫你；也可能只是輕輕幾句簡單的話語，卻讓鑽牛角尖的你想通；或是對方的某種遭遇，讓你萌生不同的省思……剎那間，那人彷彿是天使降臨，感覺灑下一道溫柔的光。

記得兔寶還很小的時候，我們有機會一起去日本拍觀光局的廣告。因為她不喜歡鏡頭對著她的臉，所以攝影師貼心地在每次拍攝前都先把攝影機藏好，然後我再牽著她走到鏡頭前揮手玩耍、摸摸樹葉花草，讓她能很自然地融入拍攝過程。

原本一切順利，後來有一天坐車三、四個小時，終於到了飯店，兔寶也累了，開始不配合耍性子。又因為之前告訴她其中一個行程是去兔子島，她期待得不得了，哭鬧著要看兔子，怎麼哄她也沒轍，最後只好騙她等下房門一開就會看到兔子，其實是媽媽想說趕快拍完，收工之後再看著辦。

結果門一開，看到的畫面是一群工作人員蹲在地上，兩手舉在頭頂扮成兔子，連攝影師都一手拿機器、另一手比出yeah放在頭頂。多麼可愛的一群人，當下好想大聲說：You are my angels!

欸，不要對神明國罵

旁人的一句話也可能成為天使送的祝福語，把我一下子點醒。有陣子生活不順，拜拜時像著魔似的亂抱怨，最怪的是心裡浮現一連串髒話。我發誓完全沒有不敬之意，提醒自己下次不要跟神明講講話就夾著國罵，結果越想用意志力對抗思想，潛意識反而越唱反調。

聽過心理學上有個遊戲，請你在接下來的一分鐘，都不要想粉紅色的大象，如果你想起這頭粉紅色的大象的話，Game over！在一般情況下，計時開始時，每個人腦袋中都會活生生地出現一頭粉紅色的大象。我就是那樣，完蛋了，連神明都要拋棄我？忍不住羞愧地告訴一個朋友，朋友聽了說：「為什麼一定要跟神明說那麼多話？神明很忙啦，你雙手合十拜一下就走，不要站在那邊囉囉嗦嗦、胡思亂想。」結果真的很有用，呼，鬆了一口氣。

剛搬新家時只能用驚慌失措形容，覺得所有家當都在這房子裡了，老是去檢查門鎖好了沒有，生怕小偷會進來，出門更是一再檢查，用鑰匙轉好幾次，有點強迫症。好姐妹看到很納悶，幽幽地說：「可是你家的門不是那種關上就自動上鎖了嗎？反正一關就已經鎖了不是嗎？」對喔，那我是在糾結什麼?!

另外，我很怕聽到救護車的聲音，偏偏家在三總附近，常常會聽到喔咿喔咿，每次聽到就想嘆氣，總覺得有個生命要失去了，看來以後注定一天到晚在家傷春悲秋……有個樂天知命的工作人員聽了說：「欣凌姐姐，你怎麼會這樣想？你要想，這是代表有個生命要被救回來了啊。」

☆晚餐怎麼會有鐵鏽味

最近的天使則是讓我對努力打拚的精神特別有感觸。前幾天叫外送，那家的外送員可以代墊餐費，剛點完，外送員打電話來問我點的餐可否七到八百元以下，並解釋說今天一早有幫客戶代墊一筆兩千五百元，但對方拒付，所以錢不夠了。本來覺得有點麻煩，但不知道怎麼取消這筆訂單，就打電話問外送員最多可以點多少？他要我等一下，過了五分鐘他打來說：「我還有八百，小姐，不好意思，是因為昨天晚上那個單子收不到錢……」奇怪，剛才不是說今天早上嗎？

過一會兒拿到晚餐時，一股很強烈的鐵鏽味飄來，我把東西裝進鍋子裡，發現是那個塑膠提袋的味道，裡面有個舊舊的小包，裝了一堆一塊、五塊、十塊銅板，原來我聞到的是錢的味道。顯然這些零錢放了很久，小包裡還參雜著一些碎紙屑，顯然是衣褲丟洗衣機絞過的殘渣，一定是外送員匆忙間遺漏的。我趕快打電話問他是不是掉了一包零錢，他愣一下說「對對對是我的」，我告訴他會放在一樓管理中心，請他記得回來拿。

那個小零錢包讓我忍不住想像，不知道它的主人有什麼樣的故事？猜想他一定是為生活辛苦奔波，從早到晚拚命接單，聽他聲音透露著焦慮，難怪講話有點反反覆覆，要我等五分鐘，應該是在算零錢實際上有多少……每個人都為了生活努力奔波，有順風順水時，也有不小心翻船時，遇到逆境，像他這種勇敢踏出去、努力往前走的精神，真的是最讓人佩服！

常常跟大家說我是個很幸運的人，這不是隨口說的一句社交用語，而是真心覺得周遭很多人充滿智慧，不只是師長、朋友、工作夥伴，有時候是僅一面之緣的人，他們一個個都像天使般，提醒我、教導我，啟發我轉念，甚至讓我從另一種角度思考生命。謝謝生命裡的每一位天使，希望我也能成為別人的天使。

我有沒有讓你失望？

慢慢地經過一場場戲的歷練，努力學習，

努力長大，終於，好像也找到自己的價值。

然而那個問題依然存在，我沒有讓你失望？

☆創造快樂

相信很多人會在心裡想這個問題：我有沒有讓你失望？從念書到長大工作、結婚生子……一輩子在各個方面都希望不要讓人失望。我就是這樣的，小時候學業成績沒辦法名列前茅，至少不要吊車尾，免得讓爸媽擔心，K書到半夜兩點，怕打瞌睡還邊啃豬耳朵、鴨翅，其實也只是撐著，不知道在讀什麼，反正有熬夜好像比較安心。

帶著這樣的核心理念進到演藝圈，不論主持或演戲，這個問號時時浮現，一直自問自答：我有沒有讓導演、夥伴、觀眾失望？連跟朋友相處都希望賓主盡歡，第一個跳出來炒熱場子，好姐妹也曾提醒讓人笑不是我的「責任」，但我也沒有因為身為諧星，勉強自己扮小丑逗樂子，而是看到大家開心滿意，自己也很享受，這是我的人生主要任務，可以達成目標是我的榮幸。

老公是京戲演員，有一場戲他男扮女裝，演一個自我感覺良好的醜女，出場白是「人說妹妹長得好，我說奴家長得巧，愛我的人真不少，見我容貌都在笑！」一亮相嬌滴滴地自吹自擂，惹得全場哄堂大笑。知名劇作家汪其楣老師看了那場戲後，在我老公臉書上留言：「你是一個創造快樂的人。」好感動的一句話！這也是我一直想做的事，我想創造一些時刻讓大家快樂。

☆別再想自己做的對不對

還是菜鳥時，胖胖圓圓的外型帶來自卑和限制，不想被聚光燈照到，拍照躲在眾人之間，只露出半張臉。擔任配角在主角旁邊鬧哄哄，臺詞少、輕鬆過關，這樣也很好。慢慢地經過一場場戲的歷練，努力學習，努力長大，終於，好像也找到自己的價值。

然而那個問題依然存在，我沒有讓你失望？有一天，二寶回家，興高采烈地拿了個「品格之星」徽章給我，說她上台領獎了。我問怎麼回事，她說早上去教室她的名字被寫在黑板上，「我以為我又做錯了什麼事？」結果是要去領獎，「好開心喔！」

原來大家都是質疑自己的時間總是比相信自己多。怎麼辦？我只能抱緊二寶處理了。之前看了宋慧喬的一篇報導，她說她每場戲都煩惱著「這樣演對不對？」恍然大悟，這樣的不確定，每個演員都會有。

事實上，前陣子客串好友徐譽庭的電影時就沒有做好，明明戲分很少，只是從會議室走到辦公室的一小段竟NG十九次。到最後，手足無措、嘴唇顫抖，什麼都不對勁，譽庭很耐煩地指導，最後勉強過關。我心裡很沮喪，本來還想可以讓大家早早收工，結果弄這麼久還不能一鏡到底。回家路上，覺得身上熱熱的，想說可能只是太羞愧，結果回家一量體溫，我發燒了。

兵敗如山倒就是這種滋味吧！身體很誠實，反應出心理狀態。我覺得對不起這個角色，讓導演和工作人員失望了，譽庭一定是希望我能打破框架，創造出更不一樣的表演方法，可惜我並沒有做好。心煩意亂找美秀吐苦水，她好說歹說安慰我、說我們對自己要求太高，但我自己心知肚明我沒有把角色處理好。

隔天，我寫一封簡訊給譽庭：「我沒有把那場戲演很好，很抱歉，希望沒有造成你太大的麻煩……」她很快回覆：「很謝謝你，不要難過，因為我也還在摸索拉扯。至少你願意讓我調整修改，一起學習是很棒的……」譽庭的心思細膩，個性溫暖，分析事情很有哲理，我要振作起來，可是必須先正面迎上去，承認這次沒有達到標準，承認讓你們失望了。

☆沒有後悔地一直走下去吧

好久以前有場綠光劇團的戲，我扮演媒婆，一直覺得哪裡演得怪怪的，那個角色要很活潑俏皮，那時大概有點偶包、放不開，無法揮灑到淋漓盡致。結果身體也是立刻如實反應，每次巡迴我都會胃痛，去看醫生吃藥也沒有用。有一天在新竹後臺，朋友跟我說：「小胖，你是不是覺得你這個角色演不好？」

兩次事件隔了快三十年，可見就算演再久、再多場戲，問題可能還是會發生，未必資歷深就可以輕易解決。事情發生就是發生了，過不去就是過不去，金寶老師說過，很多戲他也是多年後才恍然大悟應該以什麼樣的情緒演才對，可是當下怎麼都無法滿意。這種卡關狀況或許有一天會忽然想通，如果沒辦法，就讓它跟自己進棺材也沒關係。

總之要一直往前走，懷抱著最初的熱情，並且期許未來會更好。以前爸媽不太明白演員這份工作，老一輩覺得要找個穩定的工作，比方說去學校當助教，所以跟爸爸約定好讓我闖兩年，不行就去學校教書。爸媽倒也不至於強烈反對我進演藝圈，只覺得演員不穩定，有一餐沒一餐，情緒和收入太波動，而且老人家總覺得那圈子是個大染缸、很混亂，殊不知這圈子裡，認真工作的人一大堆）！那時候有人問我在做什麼，爸爸都說：「就粉紅豬啊，我哪知？」後來我闖出了點成績，爸爸竟主動跟一位朋友說：「我是鍾欣凌的爸爸！」雖然沒事講這句有點尷尬，但我知道這表示他認同了。我想，我應該沒有讓他失望。

五十歲，剛剛好

有位名導演曾說他的每次戀愛都是初戀，每次悸動都是新的開始。我也是用這般少女情懷主持每一集《老少女奇遇記》，回家後忍不住思念起當時的感受，有時洗洗碗、摺摺衣服，忽然好像聞到那些地方芬芳的空氣，聽到風聲、海浪聲、大夥的談笑聲……

☆ 老少女新鮮奇遇記

二〇二二年我剛滿五十歲，感嘆歲月如梭，追憶過往青春年華的同時，也覺得五十歲是人生中很美好的階段，特別幸運的是接到一個溫馨的工作：主持外景節目《老少女奇遇記》。這是一部實境節目，由楊貴媚媚姐擔任總製作人，再加上嚴藝文和我，三個閨密一起搭檔主持，深入體驗全臺各地居民的生活，介紹特殊的風景與人物故事。「老少女」是媚姐和企劃同事腦力激盪出來的，意思是每個女人心中都有個小女孩，對新鮮事仍然抱著好奇，遇見任何新朋友新環境都像是一場奇遇。

第一站是高雄蚵仔寮，有一群在海邊漁村的居民舉辦了音樂嘉年華的活動叫做「小搖滾」，意外造成轟動。這個活動是由在書店工作、熱愛音樂的曾芷玲和開營造工廠的蔡登財大哥共同發起，蔡大嫂也跟著當志工，另外幾位斜槓中年都一起幫忙。

蔡大哥開玩笑說「小搖滾」都在玩，隨便亂做！第二屆新加入的嘉榮哥正職是雜誌總編輯，返鄉照顧生病的爸爸，他笑嘻嘻地說：「鄉民也不知道我們在幹麼，問為什麼不請江蕙？我們請阿飛西雅搖滾樂團來，演奏二十分鐘後鄉民問怎麼不唱？」

真是笑到噴飯，「小搖滾」的宣傳廣告也很別出心裁，找來視障歌手王俊傑讓他開車指路等等。如此隨興的精神，背後目的卻很令人動容，除了音樂祭，他們還舉辦惜物市集、修整老屋、免費安親班……他們想讓外地人知道這裡的美好、讓在地人有更多的工作機會，讓下一代以生為「蚵仔寮」人為榮，凸顯出故鄉的價值。

☆超人醫師到底何方神聖？

認識徐超斌醫師又是一次大大的震撼。錄影團隊剛到那裡問起他是怎樣的人，大家異口同聲回答：很帥！讓我們更好奇這位被暱稱「超人醫師」的帥哥到底是何方神聖？

徐醫師小時候就面臨喪親之痛，由於從臺東部落到城市的醫院很遠，生病的妹妹不幸離世。所以他從小想當醫生，而他一心希望做到居家探訪，由醫生跟護理師去登門看診，還可以幫病患到醫院拿藥。為了這樣宏大的理想，他在任職的醫院刻意去急診室當班，因為領的薪水較多，可能就是太過勞累，有一天忽然覺得身體怪怪的，原來是中風了。

生病後徐醫師依然醫院、部落兩地奔波，即使左手左腳不方便，但還是很多病患堅持要他開刀。或許是「天降大任」吧！要苦其心志，勞其筋骨，徐醫師三度罹癌，超人的他樂觀地說：「醫療的真諦在感同身受，所有醫生都應該生場大病（不要像我那麼嚴重的啦），才能將心比心，體貼患者的需求。」

錄影中還有一段要開箱徐醫師的房間，他故意開玩笑說：「喂，裡面的女生躲好，穿好衣服喔！」我們也跟著一搭一唱，結果門一開立刻無言，第一個想法是——不要拍了。雖然想像就知道這樣偉大的醫師不可能住得多麼豪華，但裡面就是一張床、一個舊書桌、很多藥包、幾件衣服，連電腦都沒有。這麼低調到簡陋的房間，大家看得很不捨。

後來想想，這是我們的世俗視角，以自己的想法判斷別人的需要，所以會覺得他過得太辛苦，但他那麼開朗幽默，顯然根本不在意這些；在他心中重要的是病患有沒有得到照顧、部落的小孩老人能否安置妥當，他用超人般的心力照顧鄉親，連生病時都只想著：「如果我死了，還有沒有人會捐款？南迴醫院怎麼辦？」

準備離開前一天，有個徐醫師身邊的工作人員說了一段很動人的話，她恰巧是我學姐，以前是記者，因為有一次採訪徐醫師後深深被他感動，索性就辭掉記者的工作，來部落加入醫師的行列。學姐說：「畢業時導演老師要我們永遠記得，在劇本裡頭一定要有兩個東西：愛與幽默。我發現跟著徐醫師在做的事、每天的生活，也同樣是愛與幽默。」這時的徐醫師也難得感性地說：「請你們記得，這裡有個自稱是全臺灣最帥的醫師，他其實是全臺灣最瘋狂的笨蛋，帶領一群傻瓜夥伴，守在這裡為鄉親找到一條可以安全回家的路。」

造船不怕錯，只怕不肯做

去小琉球知全德國小的同學一起跟大沐老師學造舟也是大開眼界。全德國小的傳統是畢業時小六的畢業生要造一艘獨木舟，然後划著自己做的獨木舟迎向大海、迎向未來，期許這群孩子能從中學習團隊合作和自己動手的經驗。開始要先做個小模型，學習做底板、支架、甲板各個部分的形狀和組合方式，然後才正式用一塊塊木板造出一艘大獨木舟。

教我們造舟時，大沐老師說：「不必太完美，要給自己有進步空間，船歪歪的也沒關係，反正你也划不直。」在造舟過程中，大沐老師會讓小朋友用線鋸機，教導他們用對的角度、對的方法就會做對事情，偶爾做錯沒關係，他會在旁邊守護協助，他的女兒多麗從小跟爸爸划船造舟，父女倆感情深厚，有一天老師拿錯一塊側板，尺寸完全不合，他摸摸頭假裝流汗，多麗在旁邊笑得好開心。嚴藝文忍不住問她不擔心進度落後嗎？多麗說：「我相信我爸一定有辦法可以解決。」從這句話就知道大沐老師給女兒長久以來的安全感，讓女兒對爸爸充滿信心與信任。

出錯難免，但在大家齊心集力之下，三艘獨木舟終於慢慢成形。最後一天，船正式要下水時，所有家長騎著機車、帶著一家大小全員到齊，給畢業的小朋友加油打氣。要划船出海的我們往天上丟糖果，岸上的小朋友拿帽子、雨傘各種器具來接；然後每艘船準備一只瓶子在船頭敲碎，因為以前的人出海怕遇船難，所以會預留家書塞在瓶子裡，希望如果真的遇到船難，瓶中信飄出去會被人撿到轉給家人，而破瓶儀式就代表不需要留瓶中信，我們會平安歸來。

出發前，大沐老師說：「要把夢想放在前面，不要害怕圓夢。」我們一群人，就帶著這樣的期許，乘風破浪，勇往直前！

☆每次經歷都是初戀

還有在臺南「全美戲院」的電影看板手繪國寶師傅——顏振發師傅，他從十八歲開始畫，至今超過五十年了，並開班授徒，累積下來的學生已經超過六百個。在他身上，真的看到國修老師的名言「人一輩子能做好一件事，就功德圓滿了」。小琉球有位海龜達人蘇淮，他本來連游泳都不會，後來有次去墾丁浮潛，從此愛上海龜，成了海洋文化工作者，他可能太狂熱了，很多人說他長得越來越像海龜！這些人這些事平常不可能遇到，但因為參與這個節目而打開一扇窗，讓大家看到這麼不一樣的風景，他們用各種不同的方式，奉獻心力給這塊土地，如此熱血，充滿大愛，每每讓我滿心震盪。

有位名導演曾說他的每次戀愛都是初戀，每次悸動都是新的開始。我也是用這般少女情懷主持每一集《老少女奇遇記》，回家後忍不住思念起當時的感受，有時洗洗碗、摺摺衣服，忽然好像聞到那些地方芬芳的空氣，聽到風聲、海浪聲、大夥的談笑聲……

以後可以再相遇嗎？下次齊聚是什麼時候？現在到了一個剛剛好的五十歲，懂得珍惜、捨棄，也懂得很多遺憾愛莫能助，學著順應自然，學著釋懷不強求；很多人事物是一期一會，即便以後再重逢都不是當時的溫度和風雨了。相信五十歲是人生風景最美的時候，無法預料未來還會有什麼精采時刻，但曾擁有的情誼、緣分與祝福永遠不滅，我會好好收藏。

鍾欣凌的幽默與轉念

要一直往前走，懷抱最初的熱情，
並且期許未來會更好。

美麗田 177

今天，我只想演自己
——鍾欣凌的幽默與轉念

作　　者｜鍾欣凌
文字協力｜金文蕙
出 版 者｜大田出版有限公司
台北市一〇四四五中山北路二段二十六巷二號二樓
E-mail｜titan@morningstar.com.tw http://www.titan3.com.tw
編輯部專線｜（02）2562-1383 傳真：（02）2581-8761
總 編 輯｜莊培園
副總編輯｜蔡鳳儀　編輯｜葉羿妤
行政編輯｜鄭鈺澐
行銷編輯｜張筠和
助理編輯｜郭家妤
校　　對｜金文蕙／鍾欣凌
內頁設計｜陳柔含
初　　刷｜二〇二三年十二月一日　定價：三五〇元
網路書店｜http://www.morningstar.com.tw（晨星網路書店）
TEL：（04）2359-5819 FAX：（04）2359-5493
購書 E-mail｜service@morningstar.com.tw
郵政劃撥｜15060393（知己圖書股份有限公司）
印　　刷｜上好印刷股份有限公司
國際書碼｜978-986-179-816-5 CIP:177.2/112008473

填回函雙重禮
① 立即送購書優惠券
② 抽獎小禮物

國家圖書館出版品預行編目資料

今天，我只想演自己／鍾欣凌著 .——初版——台北市：大田，2023.12
面；公分 .——（美麗田；177）

ISBN 978-986-179-816-5（平裝）

177.2　　　　112008473